HER/ELLE

Retrouver son chemin après avoir tout détruit.
Finding Your Way After Destroying Everything.

Nicolas Auger-Chrétien

Copyright

ISBNs:
Ebook 978-1-970853-01-8
Paperback 978-1-970853-02-5
Hardcover 978-1-970853-03-2

I. INTRODUCTION

Explications et directives pour ce livre :
Note sur l'utilisation des italiques

Ce récit initiatique, ou roman-poème épistolaire, est rédigé en deux idiomes : le français, ma langue principale, et l'anglais. Afin de faciliter la lecture et de différencier les passages dans chaque dialecte, j'ai adopté une approche personnelle et flexible concernant l'utilisation de l'italique.

Le langage dominant de chaque texte est présenté en romain, tandis que les extraits dans la langue mineure sont en italique. Ce choix stylistique crée une cohérence visuelle et marque une distinction claire entre les différentes formes de narration au sein de ce recueil de fragments.

En outre, les lettres manuscrites incluses dans le texte, qu'elles soient en français ou en anglais, sont également présentées en italique. Cela permet de différencier ces éléments du reste du texte et de renforcer l'identité visuelle de la narration.

J'ai choisi cette approche pour offrir une lecture fluide tout en respectant les nuances de chaque langue et les particularités du texte. J'espère que cette structure vous permettra de naviguer aisément entre les deux systèmes linguistiques et d'apprécier pleinement l'histoire.

Explanations and guidelines for this book:
Note on the use of italics

This initiatory narrative, or epistolary novel poem, is written in two languages: French, my primary language, and English. To facilitate reading and distinguish passages in each language, I have adopted a flexible and clear typographic approach to the use of italics.

The dominant language in each text is presented in regular font, while passages in the secondary, minor language appear in italics. This stylistic choice creates visual consistency and highlights the distinction between forms of narration and writing styles within this collection of fragments.

Furthermore, the handwritten letters included in the text, whether in French or English, are also presented in italics. This helps differentiate these elements from the rest of the text and enhances the visual identity of the narration.

This approach is designed to provide a smooth reading experience while respecting the nuances of each language and the particularities of the text. I hope this structure allows you to navigate effortlessly between the two languages and fully appreciate the story.

Dédicace

For her.

TABLE DES MATIÈRES

II. THE BEGINNING

It's you.

It's always you.

It has always been you.

It will always be you.

Maintenant, je dois vivre avec ces mots que tu m'as dits jadis, ces paroles qui ont autrefois transpercé mon cœur et qui restent gravées dans ma mémoire interstellaire. Tu m'as crié, dans tout le malheur que je t'ai engendré que j'étais complètement perdu ! Pourquoi ai-je fait cela ? Te briser le cœur.

J'étais si persuadé que tu avais renoncé à tout espoir d'une vie ensemble la première fois que je t'ai brisée. Je croyais que tu m'avais pardonné par la suite. Dans cette tempête d'émotions, tu m'as bousculé, ne sachant plus ce qu'était notre relation ! Ultérieurement, tu as pris de la distance. Tu te devais de t'écouter et de savoir ce que tu voulais. Puis, tu es revenue et tu m'as dit que tout était vraiment terminé, que tu ne pouvais pas surmonter ça. Cela ne faisait même pas une semaine que nous nous étions mis ensemble. Au bout de quelques jours, je t'avais trompée. Tu m'as dit que c'était terminé, qu'il n'y avait plus d'espoir et que tu ne pourrais plus ouvrir la porte. J'ai compris ce que je voulais entendre… Si seulement j'avais pu comprendre ! Si seulement j'avais pu y voir plus clair dans toutes mes distorsions mentales et mes torpeurs destructrices. Si seulement j'avais compris que tu prenais cette distance pour voir mes agissements, pour donner une chance à mon enfant intérieur de retrouver sa force vitale. Si seulement j'avais compris que tu désirais attendre de voir mes actions concrètes dans la réalité proactive, constater par toi-même mon courage pour aller à la hauteur de mes paroles vides de sens. Si seulement j'avais compris la pureté et la puissance de ton amour. De tout ce que tu avais à offrir, à nous offrir. Tu voulais m'allouer de la précieuse patience que tu n'aurais jamais donnée à un autre homme, mais tu ne l'as pas fait, par mégarde, par confort peut-être, ou bien pour te protéger… Je ne sais pas, je ne sais plus. Je suis aveuglé, dépouillé, et perdu dans toutes ces ténèbres grandissantes. Tu n'as pas pu voir au-delà de ma propre souffrance, et je ne peux pas t'en vouloir à cause de ça.

Je ne peux pas t'en vouloir de rien, bien sûr, comment le pourrais-je ? Ô charmante déesse que tu es ! J'avais tant d'espérance et je garde toujours en moi cet espoir d'un quelconque futur perdu avec toi, parmi les méandres infinis de mon existence lâche. Si seulement j'avais pu me donner à moi-même ce que je désirais t'offrir pour l'éternité. Mon moi suprême qui désirait fonder une vie avec toi, se marier, avoir des enfants et parcourir le monde à tes côtés. Arpenter notre planète entière comme les deux va-nu-pieds que nous sommes. Apprendre à nos enfants l'école à la maison et tout ce que nous savons sur la vie, et comment elle nous a transformés pour en arriver là. Faire de nos projets créatifs et évolutifs une danse cosmique magnifique, noble, qui aurait valsé et réchauffé les cœurs. Vivre pleinement, avec fureur, cette énergie incontrôlable qui nous aurait édifiés et élevés dans l'amour. Mais j'ai tout gâché. Encore une fois, j'ai tout gâché. Tu étais mon trophée, mon précieux, mon trésor, mon espoir. Tu étais ma lumière scintillante dans les froides nuits d'hiver, tu l'es toujours d'ailleurs. Sans toi, je dérive à l'aveuglette tel un radeau de sauvetage perdu en mer, espérant un horizon lointain.

Lorsque mes paupières seront trop lourdes de fatigue et que la vie sera trop difficile à combattre, je penserai à toi et te chérirai. Lorsque la fureur du soleil battra à son zénith et m'aveuglera de ses rayons incessants, je penserai encore, toujours à toi. Lorsque je m'écroulerai une fois de plus et que je me relèverai, je rêvasserai continuellement à toi. Et lorsque mes songes et mes cauchemars m'empliront de sombres pensées, que je m'évanouirai sous le poids de mes démons, je penserai à toi. C'est toujours toi.

À présent, je dois vivre sans toi et accepter les pensées lacérées de ta divinité dans les bras d'autres hommes. Ce que nous avions était bel et bien réel avant que je ne massacre tout ! Certains me diront que le contexte n'était pas favorable et que je n'étais pas prêt. Ils auront tous raison. Je n'étais pas préparé, et loin de là, à me réengager dans une relation. Je dois me rappeler constamment, à chaque microseconde de mon existence, que je ne suis pas une mauvaise personne. J'ai hérité de la honte et de la culpabilité qui sont puissamment ancrées dans mon esprit, qui contrôlent mes actes et émotions. Je ne peux vivre avec cette souffrance, elle est insupportable.

Je n'ai pas toujours été conscient de mes actes au moment où je les accomplissais, et je m'en rendais compte par la suite. C'est tout simplement ça, je prends la mesure de mes erreurs après-coup en me mentant à moi-même. Je suis une âme déper-sonnalisée, dissociée de mes actions et des conséquences qui en découlent sur autrui. Je n'ai pas pu accepter les signes de l'Univers qui m'intimaient d'être seul, d'apprendre à m'aimer seul, à vivre seul et à me connaître face au miroir qui reflète qui je suis.

Au plus profond de moi, je sais que cette démarche terri-fiante et ardemment difficile sera bénéfique à long terme, car elle m'empêchera de faire du mal aux gens que j'aime, et à moi. Je ne peux pas échapper à ce travail d'introspection, car sinon je vais seulement recréer la boucle infernale sans fin.

En ce moment, nous sommes dans une crise individuelle et collective, il est primordial que je me concentre sur moi. Cela fait trois ans jour pour jour que j'ai essayé de me suicider. Nous sommes officiellement le 20 mars 2020. J'ai participé à des guerres et à un amalgame de périodes difficiles, transcendantes, mais cette lutte me voile l'esprit. Je sais que je suis capable de surmonter tout cela en étant seul. En voulant me réengager dans une relation, j'ai voulu fuir le travail que j'avais à faire et à gérer. Tant de labeur que j'ai entrepris avec les techniques de psychothérapie moderne...

Il faut que je sois seul. Il faut que j'apprenne à vivre seul avec moi-même et à être en paix avant d'entamer une nouvelle relation ; et tant que je ne le ferai pas, je n'arriverai jamais à me contrôler, je continuerai de blesser les gens que je chéris. Cela m'amène à réaliser que je suis trop instable. Je ne suis pas assez fiable et on ne peut me faire confiance. Je ne suis pas assez aligné avec les hautes fréquences vibratoires. C'est la vérité, je fais maintenant une pause en matière de sexualité pour me concentrer sur moi seul. Je ne toucherai plus à aucune autre femme, car je ne peux pas attirer à moi de mauvaises énergies. En ce moment, je n'ai qu'une personne en tête et elle se doit de le comprendre. Que je suis prêt maintenant à m'offrir à une seule personne et à réaliser cette réalité de relation que nous envisageons... que nous envisagions. Je sais très bien que mes paroles vont lui sembler dénuées de sens et sans aucune possibilité de rattraper ni de réparer les pots cassés. Je suis toutefois prêt à ramasser chaque morceau de cette fine porcelaine avec tout l'amour qui m'habite pour remettre à sa place et arranger ce qui a été cassé.

Et je vais le faire pour moi avant tout, même si j'écris ces lignes pour elle. Ceci est pour nous, pour notre amour qui est la seule vraie vérité. Mes actions changeront en même temps que ma perception, je l'espère du moins. Pour l'heure, c'est un maelström de rééquilibrages constants. Ce n'est pas le moment de s'éparpiller à droite, à gauche sans objectif ni but précis. Actuellement, le mouvement des astres apporte beaucoup de transitions énergétiques importantes qui font augmenter exponentiellement les vibrations. Malgré le fait que j'ai brisé le cœur de ma compagne de vie, je me dois pour ma propre santé mentale de m'ériger avec cette nouvelle élévation de conscience. Je dois faire attention à mes pensées, à mes actions et à mes moindres faits et gestes. Je ne passerai pas toute ma vie à vivre dans la culpabilité, la honte et le regret. Je ne désire plus ressentir ce ressentiment malsain ni cette haine dévastatrice que j'ai vis-à-vis de moi et que j'alimente depuis presque vingt ans. Je ne peux pas me permettre, pour moi comme pour elle, de me réaligner sur une basse fréquence. En ce moment, mon devoir est de créer une fréquence qui rejoindra son âme pour nous réunir et vibrer avec elle. Elle était mon rêve et elle le sera toujours. Pour moi, ce n'est pas terminé. Tout se transforme, se transmute et évolue continuellement vers quelque chose de plus beau encore, même la plus profonde des douleurs.

Voici comment débuta ma plus grande histoire d'amour de tous les temps.

III. THE MEETING

Je me souviens de notre rencontre paradisiaque et d'outre-temps au restaurant où je travaillais. C'était à 18 h 45, le 14 septembre 2019, au LOV de la Montagne, à Montréal. J'avais vingt-cinq ans à l'époque, et travaillais dans le plus grand et le plus réputé des restaurants végétaliens du centre-ville. Je me rappelle lorsque je suis sorti de la station serveur, du côté gauche de la porte battante. Tout à coup, l'air s'est condensé et l'énergie virevoltante a soudainement commencé à se transformer en sorte de clairvoyance. Elle est alors apparue, avec son amie Enaria, pour s'asseoir au bar. Cette perle céleste était arrivée de nulle part. D'où venait-elle ? Elle, qui venait visiter l'un des plus beaux restaurants chics et s'enivrer. Dans l'établissement, il y avait une diversité incomparable de plantes, si variées que l'on se croyait dans une jungle tropicale ! Les filles se sont assises au bar. L'amie portait un jean déchiré bleu et une camisole noire. Elle, de son côté, avait un legging noir et une chemise orangée. Il est difficile pour moi d'exprimer clairement ce qui s'est passé à ce moment-là. Ce qui m'a marqué le plus chez elle, la première chose qui m'a fait flamboyer, c'est son énergie, son aura et son champ vibratoire. Je peux essayer de comparer cette rencontre à l'effet de dix mille volcans en éruption, c'est l'effet que j'ai ressenti. Cette beauté divine par sa grâce enchanteresse dégageait une forme d'énergie que je n'avais jamais ressentie auparavant. J'étais captivé par ses couches auriques et ce qu'elle émettait. J'étais totalement attiré par son côté bohémien et gitane. Elle m'évoquait un air de mystérieuse déesse égyptienne, tout droit sortie d'un des plus majestueux palais mythiques. J'étais attiré comme un aimant. Elle arborait une crinière de lionne sauvage qui lui descendait jusqu'au niveau des hanches. Elle ressemblait à Shakira avec ses cheveux frisés. Je me souviendrai toujours de ce moment. Je suis resté figé pendant une bonne minute, le temps s'est littéralement arrêté. Je n'entendais plus que ma respiration, et je ne voyais plus qu'elle. Plus rien d'autre n'existait. J'étais en train de mourir et de renaître en même temps. J'expérimentais, pour la première fois de ma vie, un réel coup de foudre, un moment impossible à décrire. Je ne voyais plus qu'elle, qui éclairait comme une étoile. Elle rayonnait et illuminait tout le restaurant. Ensuite, tout est devenu noir autour d'elle. Elle émettait une énergie si forte que je suis tombé amoureux d'elle la première fois que je l'ai vue, et elle était de dos. Je ne pouvais discerner son visage, du fait des dix mètres qui nous séparaient. Je me souviendrai toujours de la *bartender* me faisant face de l'autre côté du bar, qui claquait des doigts pour me ramener à la raison. Elle m'adressait des signes de la main parce que j'étais immobile depuis deux bonnes minutes déjà.

Je haletais, j'étais déboussolé et complètement désarçonné. Tout mon monde se retournait et était sens dessus dessous. J'étais dans une autre dimension. Je n'étais plus concentré, je ne pouvais plus rien faire. Je me souviens légèrement du sentiment complet de présence qui m'habitait toutefois. Tout ce que je voulais désormais, c'était lui parler, la sentir, la regarder dans les yeux, lui sourire, entendre sa voix, entrer dans son énergie et découvrir son monde.

Je suis alors monté en cuisine et j'ai dit aux grands chefs français, mes amis serveurs et mes collègues de travail avec une fermeté inégalable : « Je m'en câlisse de vos arguments, mais la table 106/107 au bar, c'est moi qui la sers. » Donc, je suis finalement allé servir les entrées. La vie voulait que je la serve cette soirée-là, car honnêtement, je n'ai absolument rien forcé. Il y a eu tellement de commandes et nous étions plusieurs sur le plancher. N'importe lequel de mes collègues aurait pu servir cette table, parce qu'il y avait trois étages et que c'était une soirée très chargée. J'effectuais mon travail normalement, à monter et descendre les escaliers, et malgré le labeur aux trois niveaux, cela est survenu parfaitement, au bon moment, à la seconde près, selon la meilleure synchronicité possible, sans rien forcer… La note 106/107 était prête à partir et les entrées de tartare de betterave et de dumplings aux champignons, accompagnés de beurre d'amande au kimchi, s'apprêtaient à se retrouver devant elle. Je suis parvenu à la table et j'ai déposé les entrées en demandant aux deux femmes si le vin était à leur goût. Elle s'est figée, et moi aussi. Nos âmes se rencontrèrent pour la première fois à travers nos yeux, dans cette incarnation. Le temps et l'espace se sont condensés une fois de plus et nous nous sommes longuement regardés pendant un bon moment, en essayant de nous parler avec la voix de nos âmes. Je me devais de rester professionnel et courtois car c'était avant tout, à ce moment, une cliente. Néanmoins, j'étais moi-même dans toute mon authenticité.

— Tu es vraiment joli ! me lança-t-elle d'un regard enjoué et dévoué.

Je posai une main sur mon cœur, penchant mon corps vers l'avant en signe de prosternation, dans une courbure élégante. Je répliquai avec un sourire charmeur, baissant la tête par respect et estime. Elle… Cette déesse me complimentait…

— Tu es vraiment magnifique, avec la main toujours sur le cœur en fermant les yeux et en étant gêné, avec un sourire accompli.

J'essayais de regarder Enaria aussi pour rester professionnel puisque, vous savez, j'étais au travail, mais totalement captivé, dans un autre monde. C'était incompréhensiblement irréel. Le temps n'était plus présent. Enaria parle encore de cette histoire aujourd'hui, et elle la raconte toujours avec la même intensité. Il n'y avait plus personne d'autre, de son point de vue, que nous deux. La luminosité s'était tamisée et tout autour d'elle était radieusement auréolé et fantastique. Son aura était aveuglante. Elle était en grand éveil spirituel et ne s'en rendait même pas compte. Il est difficile ici de bien capter l'essence même de mes écrits. Mais vous pourriez comparer l'énergie et la beauté de cette gitane aux étoiles, constamment brillantes, étincelantes et éternelles. Je me suis retourné et je suis reparti travailler. J'ai également, avec une présence déconcertante, pu aller lui servir son plat principal : un risotto végane aux champignons.

— Tu as vraiment de beaux tatouages, m'a-t-elle dit.

Avec un sourire enjôleur, j'ai répliqué :

— Tu as vraiment de beaux cheveux. *Enjoy your night!*

Nous récitions ces petites phrases de surface, toutes déjà construites, naturelles et si enfantines. Je ne savais absolument pas comment agir avec cette énergie supérieure si puissante. Nos paroles étaient purement et joliment ridicules. Nous nous comprenions par notre échange de regards. Nous nous ressentions sur d'autres niveaux que nous ne pouvions communiquer à ce moment. Tout a œuvré de sorte que l'on se rencontre. Je suis sorti pour fumer une cigarette. La pleine lune était parfaitement alignée en point de fuite sur mon troisième œil, entre les deux bâtiments en face de moi. J'ai alors exprimé à l'Univers, à Dieu, à cette force cosmique, que je voulais cette femme dans ma vie, de n'importe quelle façon. J'ai prié, imploré, et je n'ai jamais autant vibré de ma vie qu'à cet instant. Mon intention était simple, droit au but, pure, sans attachement et sans attentes. Cette prière s'est rendue au bout de sa portée. J'ai demandé : « Peu importe la forme, je désire avoir cette femme dans ma vie, il le faut absolument, je dois connaître cette personne. Merci. » Avant de partir, la déesse bohémienne s'éclipsa aux toilettes. Son amie m'attendait à l'entrée du restaurant. Enaria lui avait fait comprendre qu'avec les récents événements, elle ne pouvait pas me laisser m'en aller sans me donner ses coordonnées. Je parlai un peu avec Enaria, jusqu'à ce qu'Elle revienne. Nous échangeâmes alors un câlin, puis elle se rendit à son spectacle. J'aurais aimé que cet échange, cette douce cajolerie, ne se termine jamais. Elle me confia son numéro et nous nous écrivîmes le soir même.

On ne pouvait pas écarter notre connexion. Notre liaison était tellement forte émotionnellement que même si nous l'avions voulu, nous n'aurions jamais pu briser ce lien qui nous unissait dès lors. Nos corps et nos cœurs étaient en ébullition. Nos âmes étaient trop attirées, c'était chimique et physiologique au-delà de tout. Jamais je n'ai autant vibré ni senti de connexion aussi pure et vraie qu'à ce moment-là. Qui est-elle ? Je dois la connaître davantage, et d'apprendre tout d'elle.

Il me faut préciser que je me trouvais à cette époque dans une relation compliquée et toxique, autant des deux côtés. Nous n'allions pas bien et nous nous tirions vers le bas. La toxicité m'a rendu aveugle, donc j'ai été malhonnête envers tout le monde. J'ai été déloyal envers moi, Lyra, ma compagne du moment, et cette nouvelle rencontre. Je me sentais pourrir de l'intérieur. *I didn't know what to do.* Je ne savais pas comment être vrai et mettre un terme à cette relation, être honnête. J'avais peur, j'avais honte, c'était un mélange de bonheur et de malheur. Je craignais d'être moi-même ! J'ai continué de faire miroiter quelque chose qui était faux. Je développais une relation romantique avec Elle et c'était la plus belle chose qui soit. Pourtant, j'étais complètement perdu à l'intérieur de moi. En n'étant pas honnête avec Lyra, je n'ai pas été honnête envers Elle ni envers moi-même. Ça l'atteignait et ça lui faisait mal aussi. J'étais en train de tomber amoureux d'une autre femme, bien que déjà engagé dans une relation. Je me posais beaucoup de questions et je ne savais pas quoi faire. Cela m'a pris énormément de temps pour réaliser ce qui se passait et trouver le courage d'être enfin honnête. J'aurais aimé me simplifier l'existence et pouvoir changer de vie en un claquement de doigts. J'espérais au fond ne plus être avec Lyra, mais je n'avais pas la force psychologique ni le courage de la laisser, tout simplement parce qu'une partie de moi était encore attachée et amoureuse d'elle. Le coup de foudre envers Elle a été instantané, mais il n'a pas déclenché la perte de mon amour pour Lyra. La flamme était déjà amenuie et la passion dissoute, mais j'avais encore des sentiments pour ma partenaire du moment. Rencontrer Elle a juste bousculé précipitamment ce que je savais déjà au fond. Elle m'a permis de réaliser que j'étais en train de m'éloigner de ma relation avec Lyra. Mes sentiments commençaient alors à se dissiper et à se resserrer en moi dans une boucle infernale. C'était la première fois que je vivais une situation de cette sorte et j'étais dramatiquement désemparé devant l'amplitude des faits. J'étais perdu. Je ne faisais que penser à Elle, tout le temps.

— Tu m'as été comme un coup de foudre, Nicolas. Je suis tellement heureuse de t'avoir croisé. Ton énergie est vraiment magnifique.

— Oui, moi également… Le sentiment est partagé, c'est incroyable et vraiment beau ! Tu m'as légèrement pris au dépourvu, je ne m'attendais pas à ça. C'était tellement parfait.

— Même chose pour moi, j'aimerais vraiment te revoir, Nicolas ! Ce soir, je serai au 1370, rue Villeray ! Sinon, je reviens la semaine du 23 septembre. J'aimerais vraiment en savoir plus sur ce que nos âmes ont en commun, car c'est magique.

— C'est quel genre de bar ? Je termine bientôt le travail et ce n'est pas si loin de chez moi, mais je ne veux pas m'imposer non plus, si tu désires une soirée avec ton amie ! Je souhaite aussi de mon côté comprendre pourquoi nos deux âmes se sont connectées à ce point. Tu reviendrais à Montréal la semaine prochaine ?

Après les échanges téléphoniques qui eurent lieu le soir même de notre rencontre… Je ne l'ai pas rejointe, car j'étais en couple. Je me devais par principe de rester digne envers ma compagne d'alors. Même si j'avais l'envie d'y aller, cela aurait été complètement immature de ma part. J'étais cependant emballé et je voulais m'y rendre. Après ma journée de travail en tant que serveur, il m'a fallu un certain temps pour me détendre et retrouver mon calme. J'étais excité et plein d'énergie, mais j'ai finalement annulé mon projet d'y aller à la dernière minute avec un collègue. Mon ami avait trouvé Enaria à son goût et il avait vraiment envie qu'on y aille ensemble. J'ai choisi la raison. J'ai toutefois préféré le retour pénard à la maison en autobus, en me perdant dans mes songes romanesques avec les lumières de la ville évasive, qui éclairaient de mille feux. Je divaguais dans mes rêveries illusoires et j'errais dans mes pensées qui ressassaient le coup de foudre que je venais de vivre. Je me sentais bien, en vie, pour la première fois depuis longtemps. Les paroles suivantes furent récitées le lendemain matin :

— *Hello, beautiful soul*, tu étais vraiment éblouissante par ton énergie !

— *Holà*, chère créature, je n'ai pas arrêté de penser à notre rencontre, moi non plus.

— *No stress*, vivons le moment présent !

— Naturellement.

— Aussitôt que tu reviens, on fait quelque chose. J'ai eu certaines visions d'anciennes vies avec toi. *I don't know for sure yet*, mais j'ai l'impression de t'avoir déjà rencontrée auparavant.

La journée du 15 septembre 2019, soit le lendemain de notre rencontre, je lui envoyais deux de mes chansons préférées : *Happiness is a butterfly* de Lana Del Rey, et *Turning Wake* d'Ayla Nereo.

Pendant ce temps, je ne pouvais me douter qu'elle pensait beaucoup à moi de son côté. Sans que je le sache, quoique je le sentais d'une certaine façon, elle disposait des mêmes sentiments. Deux jours plus tard, elle m'écrivait une lettre passionnée de trois pages – qu'elle ne m'a bien sûr pas léguée. Elle l'a, ma foi, tout de même conservée pour elle-même dans son journal intime. Je ne l'aurai lue que sept mois après, car ce courrier ne m'était pas destiné. Ceci est l'amorce de la lettre rédigée à la main par Elle, quarante-huit heures après notre rencontre :

Lundi 16 septembre 2019, 16 h 52, lac Clément, Québec.

I can't stop thinking about him. He is always close to me, from the moment I saw him behind the bar in Montréal. He was there, fragile and naive.

It felt so good to be there with my friend, Enaria. I was very excited because I was also going to see my favourite band, Rainbow Kitten Surprise. Then our eyes met... I felt connected to him from another life, and my vibration changed instantly. I knew him forever. He was — he is — so beautiful; he is like an angel, he is pure. I looked at him, trying to say anything to just make the connection, and told him he had beautiful tattoos, but it was so much more than physical appearance. He's not only beautiful from an external point of view; there is something so much bigger. I cannot explain it. I feel good; I feel that my vibration is expanding.

You know the feeling when you shiver while listening to a good song? It was like that, the same but different — more peaceful. I feel the energy in every part of my body. It feels like happiness and the gratefulness of finding him. Merci tellement à la vie, and that we can understand each other and that we are prepared to embrace what we must live together. After I mentioned his tattoo, he told me that my hair was magnificent, and at the same time, he was looking deeply inside me with his more-than-beautiful eyes. His soul spoke to mine; they were communicating with each other, and it was perfect. And then, I swear, I was not able to keep this moment a secret, so something suddenly came out of my mouth. I said with all my honesty and authenticity: "You are beautiful," which is so incredibly true. I don't know him, but I love him very much already, and he answered the same.

From that moment, I started to expand. I continued to have a great time at the restaurant with Enaria, and he asked me more than three times (I think, just because he wanted to connect), how the wine was! The wine was good, very good, but the moment with his presence was what I wanted to taste, more than the wine — more than anything else in the entire world. I wanted to discover him, every part of him. I wanted to mingle with him, to form unity with him and to share my love. I am so happy that, in the end, Enaria went directly to him to wait for me and told me before I went to the bathroom, "It is important that you talk to him before we leave." And I am so happy and grateful that we exchanged our contacts to stay in touch. I feel blessed. Then we exchanged a hug... I wanted this hug to never end. Can I kiss him? Can I feel how I feel? What is it that I feel? I do not understand. Who is he? I am afraid, yet at the same time, I am happy.

That same night, I thought about him a lot. He was constantly on my mind, and more. After I went to bed, I fell asleep and woke up during the night. I was floating in the air, and I felt another presence. Enaria was sleeping at my side, so she took my hand and kissed it. I feel that my guides have accomplished something, and that my angels and archangels are pleased.

There is something happening, something higher and bigger that I cannot explain, and that is beautiful.

The day after, when we were leaving Montréal, my heart felt weird. I was going far away from something, and it was already hurting me. I think I was afraid, and I cried. I was struggling with my body, which was already feeling the pain of love. That is intense. In fact, I want to go deeply into it! I am not afraid, and I need to feel everything, to know him, all about him.

I want to discover her. She's the kind of person that you want to learn from, worship, and look up to. She's wild, unpredictable, and indomitable like the fire and living off the grid, out of this world. I want to leave everything and go with her, but I'm afraid.

À cette époque, nous communiquions tellement par téléphone que nos échanges se faisaient principalement par messages ; ils défilaient sans arrêt sur nos écrans.

— Sérieusement, nous avons exactement la même vision de la vie nomade. Je te souhaite que ton objectif avec la Ruche de créer ton autobus pour traverser le Canada, les États-Unis, le Mexique et l'Amérique centrale fonctionne. On vient juste de terminer également une campagne de financement pour le spectacle de théâtre qu'on a produit.

— C'est absolument inspirant et incroyable ! J'ai lu aussi que tu étais un *wine lover. Well, guess what? So am I!* Et je n'arrête pas, depuis un an, de me renseigner sur des livres qui traitent des relations, j'en ai plein à te conseiller si tu veux. J'ai envie de tout apprendre de toi, Nicolas, c'est vraiment étrange comme sensation. C'est épatant que tu aies fait une campagne pour ton spectacle. Tu me parleras de la manière dont ça s'est déroulé.

— Comme tu me l'as dit il y a quelques jours, tu as connu ton éveil spirituel il y a un an, c'est bien cela ? Tu as alors opéré d'énormes changements de vie. Je me souviens que tu m'en as déjà parlé ! *When you open this door, there is no going back.* Tu entres dans un univers infini et immémorial de possibilités et tu fais l'expérience du pouvoir de l'intention, des synchronicités, de la clairvoyance, des visions cosmiques et de l'énergie.

— En effet. Nicolas, je dois absolument partager avec toi quelque chose de drôle et d'assez intéressant qui s'est passé la nuit dernière. Je vais essayer de m'expliquer le plus clairement possible sans paraître dingue, car je suis encore en questionnement. Je me suis réveillée durant la nuit — ce qui ne m'arrive jamais, mais alors, jamais ! Tout à coup, c'est comme si j'étais sortie de mon corps et qu'il y avait eu une autre présence venue me rendre visite. J'ai aussitôt pensé que c'était toi. J'étais enveloppée d'une fine couche brumeuse, opaque, qui projetait une lumière indigo, violette et blanche, qui, d'une certaine façon, me soutenait et me protégeait. J'étais dans les airs, consciente, et je pouvais voir mon corps en entier. Mon âme flottait à deux mètres environ au-dessus du lit, dans un stade de lucidité et de conscience cognitivement alerte en même temps. Je voyais des ondes et des couches d'énergies ondulantes constituant mon corps, qui était mon âme. Toutes les couleurs et les vagues stimulantes ondoyaient et vibraient à travers moi en un apaisement total, sans pareil. Je n'en croyais pas mes yeux ni mes sens qui ressentaient tout. C'était vraiment bizarre. Ensuite, mon amie, qui dormait à côté de moi, m'a pris la main et l'a embrassée, et je suis retournée dans mon corps… Je ne comprends pas ce qui s'est passé, j'en suis encore toute déboussolée.

— Ma chère, tu as fait une sortie de corps ! Une expérience mystique sacrée, une sorte de projection astrale à la vitesse de la lumière, je crois bien ! J'ai déjà vécu quelques histoires similaires dans différents contextes (expériences de cérémonies sacrées avec des médecines, mais aussi en étant sobre : visions intenses, sorties de corps, projections astrales, rêves lucides, montées de Kundalini, etc.). Nous sommes là pour augmenter le taux vibratoire de la Terre et de cette dimension. J'ai vraiment hâte que tu me racontes plus en détail ta péripétie transcendante. Ça fait tellement plaisir de te retrouver dans cette incarnation. Je sais, c'est étrange, mais je devais t'en parler.

— *Does the unknown stress you, or do you embrace it?*

— *Oh, don't get me wrong, I am a master at stressing, so I can do both! Embracing the unknown and having some stress at the same time is my speciality.*

Just tell me, which planet are you from? Who are you, dear creature?

I really feel like we are connected from past lives. Please, tell me all about your past lives!

What are your past lives?

Where do you come from?

What are your favourite songs?

What have you lost?

Who are you?

What are you?

What's your favourite flower?

What's your favourite colour?

Who is it you want to become?

What are your dreams?

What are your passions?

What are your favourite animals?

Where did you travel?

What are your fears?

What are your hopes?

Elle et Ania, sa partenaire, achevaient la construction de Luzz, leur minibus. Elles terminaient tout juste leur campagne de financement et avaient organisé une soirée d'inauguration inoubliable pour leur départ. Celle-ci s'était déroulée au spa québécois Siberia ; soixante-dix personnes y étaient conviées. Il y avait un spectacle d'acro-yoga, une amie sono-thérapeute, ainsi que la mention de tous leurs *sponsors*. Un vrai succès ! Elles avaient créé leur autobus en moins de trois semaines, en passant de la conception aux étapes de construction, de carrosserie, de mécanique, d'aménagement intérieur, de peinture, jusqu'au moindre détail. *They were even building a yoga deck on the top of their bus. They were ready to live one of the most transformational times of their lives.* Le minibus allait traverser toute l'Amérique du Nord : Québec, Canada, côte ouest-américaine, Mexique et Nicaragua. Elle et Ania organiseraient des voyages dans de magnifiques lieux de ressourcement en pleine nature à travers tout l'hémisphère nord, en collaboration avec des organisations et agences qui aident au virage du bien-être et de la conscience éveillée. Ce voyage était voué à la création d'expériences de reconnexion et d'élévation. Il prendrait la forme de retraites personnalisées combinant plusieurs activités holistiques et physiques permettant d'équilibrer le corps, l'âme et l'esprit. Elles étaient plus que prêtes et ne désiraient que courir le monde et vivre de leurs passions. Pour Elle et Ania, le yoga a été la porte d'entrée dans un monde de possibilités infinies. Ania étant nomade depuis 2014, et Elle depuis 2016, elles avaient toutes deux décidé de laisser tomber une bonne partie de leurs biens matériels pour faire place à l'aventure en vagabondant de pays en pays. L'objectif : mordre la vie à pleines dents et savourer pleinement le moment présent.

She took a huge step in her life with the decision to quit the "western family and career-focused life." Since quitting her normal life, she has adopted a nomadic lifestyle, and her attention has shifted to focus on human well-being and conscious movement.

Having been a nomad for almost three years now, she has travelled alone to various cities, primarily in North, Central, and South America, as well as in Asia, to discover and explore new ways of thinking through culture. Because of this, she has developed a completely new and different ideology, which has been a guiding factor in her life to grow as an individual and to connect more deeply with her surroundings. She learned gracefulness and found eternal youth in the never-ending laughter, smiles and joy. Each day, she is transforming into the best version of herself to teach and lead as a conscious leader.

She is so inspiring. Her smile alone is enough to rekindle the flame of wandering souls. From there, she started to grow a strong desire to share her knowledge and help people like her who want to make everlasting changes in their lives. She is now entirely devoted to this project.

Salut, Nicolas, j'espère que tu vas bien et que tu as pu prendre soin de toi aujourd'hui. Je sais que ta voiture Janis est au garage, mais je tenais à te dire que si tu es intéressé pour venir en bus à Québec et te reposer dans mon havre de paix, et aussi pour essayer de percer le mystère qu'il y a entre nous deux, tu es le bienvenu ! Je dois rester à Québec pour finaliser les derniers préparatifs pour mon départ en autobus. I'm thinking about a ceremony we should create together. Anyway, I'm still thinking about you all day, and I don't know if I should be afraid or not. Have you ever felt that kind of connection before?

Her

*Je veux te caresser tendrement, avec tant de passion et d'amour.
Je désire t'embrasser tout doucement et sentir l'espace de l'air
figé entre mes lèvres et ton corps. J'aspire à prendre mon temps
et à explorer avec toi. Je veux rendre le temps immobile, le
temps d'un court instant. Ça me fait complètement craquer, je
te trouve si beau, tout ton être au complet. Tu m'as été comme
un coup de foudre, Nicolas, avec ta magnifique énergie. Can
we plan a phone date, please?*

Her

Septembre 2019

Je ressens non seulement l'envie, mais le besoin de te connaître, étrange créature. Je crois que tu es entrée dans ma vie pour une raison. Il y a quelque chose de divin, de plus grand que nous et de mystérieux qui se joue en ce moment dans le grand recalibrage des roues cosmiques.

Salut à toi, chère voyageuse ! Je vais un peu mieux, oui. Tranquillement, mais sûrement, mais ça m'énerve parce que mon cycle de sommeil est complètement inversé. Sérieusement, je serais tellement partant pour venir chez toi à Québec. Je recommence à travailler de mercredi à dimanche, donc j'espère vraiment être remis sur pied d'ici là. En tout cas, je suis franchement malade et je n'aurais jamais voulu te transmettre mon virus juste avant que tu ne partes en voyage. C'est drôle parce que j'y ai pensé aujourd'hui, en plus, à une cérémonie pour ton bus ! On en parlera en détail cette semaine. Je me dois d'être honnête avec toi, car notre relation se développe grandement, et je ne vais pas passer par quatre chemins. Je vais être bien honnête avec toi. Je suis en relation depuis maintenant deux ans. J'espère de tout cœur que cela ne t'empêchera pas de vouloir qu'on profite ensemble tout de même. J'ai réellement l'impression de te connaître depuis toujours, depuis plusieurs anciennes vies. Et j'ai par-dessus tout l'envie de connaître tout ce qu'il y a à apprendre de toi. Je veux que tu deviennes une partie importante de ma vie. Je ne peux l'expliquer par les mots ni écrire là-dessus, mais il y a une très forte connexion d'outre-temps entre nous. Je crois que nous avons été amoureux autrefois. Je suis vraiment désolé de te lancer ça d'un coup. Et je n'ai aucune envie de te faire peur, mais il me fallait être honnête et je me sens mieux maintenant, je dois te l'avouer, car notre rencontre m'a vraiment frappé fort, et bien sûr je ne m'en remets pas. De mon côté, ça ne me dérange pas et ne change rien pour moi. J'espère de tout cœur que tu sauras bien accepter mon message. Deep down, on a soul level, I need to know you and have you in my life. Mon message est intense, je le sais, mais je préfère l'honnêteté immémoriale à bien des choses. I've never felt anything like this before. Chaque chose évolue constamment vers le meilleur, mais la relation que j'ai avec toi est tellement unique et ce mystère me dépasse grandement, au-delà de mes propres capacités d'analyse et de compréhension. Moi aussi, je suis vraiment impatient de te revoir, sur tant de niveaux. Ça n'enlève rien au fait que je pense énormément à toi. Depuis quelques années maintenant, j'essaie de m'engager sur un chemin plus sain pour moi, véridique, et qui s'aligne avec la vérité de moi-même et des autres (philosophie bouddhiste). I'm trying to be honest towards myself, so I'm gonna be honest with you. Meeting you gave me a lot of fear. But it's normal to feel afraid sometimes, especially with those kinds of encounters. Et également, chaque connexion est unique. Celle que j'ai avec mes frères et sœurs cosmiques est unique, celle avec ma compagne également, et celle que j'ai avec toi, l'est aussi. Donc non, je n'ai pas ressenti ce genre de connexion auparavant, car ça ne se compare pas ! Tout comme l'amour ne devrait pas être comparé non plus. Sur ce, merci de ta compréhension et de ton ouverture d'esprit, parce que je voulais juste être clair malgré tout. Merci de me donner le courage nécessaire pour surmonter ma peur.

Septembre 2019

Salut, Nicolas. I think so too. We have something to share and learn from each other. That's amazing. Oui, en effet, pour être plus précise et répondre à ta question d'il y a quelques jours, j'ai été dans une relation de dix ans et demi. C'était très particulier parce que ce n'était pas de l'amour sain. Je m'en suis rendu compte après, dix années plus tard ! J'ai pris la décision en septembre, il y a deux ans, de tout laisser (maison, voiture, matériel, famille et conjoint) parce que je n'avais plus aucun sentiment. J'étais... comment dire ? Sans émotions, ni triste, ni joyeuse, il n'y avait plus rien, je ne craignais pas l'inconnu. Je tenais aussi à te remercier de ton honnêteté, Nicolas. Sérieusement, je veux le meilleur pour toi, mon cher, si tu savais, c'est tellement beau, Nicolas ! L'honnêteté et l'authenticité sont les vertus qui me guident. Je travaille dur pour écouter mes émotions, mon corps entier et mon instinct dans l'environnement dans lequel je me trouve. Je vis au gré du courant naturel et des événements incroyables se produisent de plus en plus. C'est assez intense et je dirais même très spécial. Il y a des choses incompréhensibles et des alignements que l'on ne pourrait penser vrais, qui adviennent et s'intensifient. J'honore le chemin que tu prends. Et toi qui arrives en même temps dans le mien... Please tell me why, Nicolas. J'adore la vie et tous ses défis incessants.

Her

Nicolas, you must listen to your whole body and how you feel. You know more than anybody what you truly need. Unknown is quantum. You are strong, and your soul knows it. It will help guide you if you listen to it. Je t'aime, bonne nuit ! Je m'endors tranquillement en pensant à toi, comme si tu étais à côté de moi dans mon lit et que l'on se regardait avec tant d'amour.

Her

She turned my world upside down and shattered the very foundations of what I thought love was.

Elle est devenue mon rêve, ma lueur, mon espoir. Ce que je désirais devenir et être pour vivre libre. Jamais auparavant je n'ai rencontré quelqu'un d'aussi courageux qu'elle. Elle m'a permis de me libérer. Elle m'a appris à respirer. Elle m'a appris la patience. Elle m'a appris la tendresse. Elle m'a appris à m'aimer. Elle m'a permis de me questionner et de me sortir de ma propre prison. Elle m'a tendu la clé, que j'ignorais pouvoir saisir. Elle a soufflé sa sagesse infinie sur mes ailes célestes pour que je puisse prendre mon envol de mon plein gré.

Je dois lui écrire des centaines de lettres et lui rendre hommage. She was real and unreal at the same time. She was untouchable, and she was so strong. She was everything that I could never dream of. She seemed so far away and yet so close to my soul at the same time. She sent me back to the depths of my true core. She shook the profound foundations of what I thought it was to be a man.

What it is to be a man...

What does it really mean, precisely, to be a real man?

What does it really mean to exist?

What does it really mean to truly love?

How is it possible that such a small and fierce, passionate woman could make me reflect on what a real man is? She made me realize I had to be enough for myself, and I wanted more than anything else in the world to be enough for her. She gave me something to reach, a goal, a secret treasure chest ready to be found.

Elle était partie avec son autobus pour traverser le Canada, longer toute la côte ouest des États-Unis jusqu'en Californie, puis descendre au Mexique, au Guatemala et au Nicaragua. Nous n'aurons eu que deux semaines à partager et qu'une soirée pour nous rencontrer. Elle est venue me rendre visite à Montréal, juste avant son départ. D'une certaine façon, c'était une deuxième rencontre étrange, car les barrières du couple offraient des blocages et une distance que je me devais de respecter. Ce fut tout de même un moment mémorable à boire du vin, philosopher et s'éprouver.

There was a time when it was harder for me because I wasn't calling her or sending her much news. *Elle était maintenant partie depuis deux mois. Donc, elle a commencé à se détacher jusqu'à ce que je lui donne un coup de fil. La vérité, c'est que j'étais gêné, honteux et en relation.* I felt truly happy and ashamed, at the same time. I felt grace and confusion at the same time. I felt joy and I felt flourishingly alive, and at the same time I felt grief and sorrow.

I didn't know what I was feeling. I didn't know what to do. A form of melancholy lingered in my psyche. I was starting to love another woman while in a relationship that, deep down, I didn't want to be a part of anymore. I felt like a shitty partner. I felt as if I didn't deserve to be loved. I didn't feel worthy of such greatness. It took me a long time to realize this truth — to acknowledge it inside of myself and to act on it.

I've been thinking about it for so long, Nicolas... I've been meaning to tell you. I have never felt my body like this since I met you. It is mind-blowing! It is divine and I want to explore this feeling with you so much. I've been looking for you for ages. In fact, I have never felt so happy since I met you, no matter what our story will be.

Her

She wanted to elevate her frequency with me. She wanted to dance all day and all night, getting caught by the eyes of the land fairies in the fields. And to give each other our best selves — to be real.

Je compte rester en Amérique latine, probablement jusqu'à l'été prochain. Ania et moi avons encore quelques projets et retraites à organiser. I wish I was with you right now. You're making me so shy all the time, Nicolas…

Her

I wanted her. I wanted to reach her and become a strong man… I wanted to be more than just a man for both of us. I still want this.

I lost myself so many times in her eyes. She was always grounded and present. And yet so connected to the other spheres, as if she knew and could see that we were surrounded by angels. And, sometimes, she was there when she wasn't even physically there. I could feel her eyes watching me from above in my dreams and outer worlds, day by day. She was like a guardian entity. Every step, every talk, every action— I could sense and see her energetic eyes, her presence, her interdimensional truth talking to me. Like she was with me, and at that time, I had no idea…

Dear God, I had no idea who this goddess was, and what immense healing power she held.

Elle est le genre de créature qui te fait sentir entièrement libre avec toi-même. Je me trouvais à l'aise sur tous les niveaux avec elle. Elle se permettait d'être sauvage. Elle se permettait d'être.

When two beings are in total alignment, they create and share beauty together.

Her

In lands afar where dreams reside,
Destined for a journey, far and wide,
I wish for whispers on the wind,
That you'd return to me, my dear, my love.

Please tell me stories, paint me the skies,
With tales of wonder, where time defies
All this distance crossed, all the worlds apart;
Our shared connection is a work of art.

Oh, wanderer of distant plains,
Bring back echoes of joy and pains.
Our souls entwined, forever found;
Our hearts are one — to you, I'm bound.

I can't remember how many times I drew or imagined you in my childhood fantasies. You are the best version of the highest potential I could possibly aspire, or hope, to become one day. You are a water and fire elven princess. Strong is what you are. You don't need to be saved. You're the only one who can save you.

— *I feel like a night owl… Je suis désolé de ne pas t'avoir répondu, beauté, parce que j'ai dormi toute la journée. Le 28 décembre 2019, de 23 heures à 8 heures, j'ai passé mon temps devant le feu dans la neige, à philosopher en écoutant de la musique et à pleurer énormément. Ç'a été le jour le plus éprouvant de ma vie. Émotionnellement parlant… Je suis monté à Joliette pour transmettre à Lyra ma lettre de rupture expliquant mes raisons et explications, et ouf… Comment dire ? Je n'ai jamais délaissé personne et ç'a été assez difficile comme réaction de sa part. Nous avons pleuré pas mal tous les deux. Ensuite, elle a eu une grosse crise de panique. Je te conterai le tout en détail quand on se parlera au téléphone… Mais, Seigneur ! je n'ai jamais délaissé personne et j'avais l'impression que les mots me manquaient. J'ai fait ça dans l'honnêteté et le respect, en étant mature, mais rien n'aurait pu me préparer à ça. Ça m'a vraiment fait mal et ça me fait souffrir encore. Je viens juste de revenir et de fondre en larmes.*

— *Nicolas, j'aurais tellement aimé être présente et pouvoir te conseiller, vraiment. La vie a fait que je n'étais pas présente pour toi aujourd'hui, probablement pour une bonne raison. Sache que j'ai pensé à toi très fort, j'ai beaucoup parlé de toi à Ania et de la manière dont je vois notre relation tellement incroyable. Comme tu me fais grandir ! Merci beaucoup.*

— *Je te ressentais beaucoup, je t'envoyais beaucoup d'amour également, mais j'ai pleuré et pleuré et pleuré. I still do, mais bon, je sais que pour le long terme, c'est la bonne décision… I am no seer—I cannot see the future—but I can heal myself right now in the present moment, even though it hurts like hell. Briser le cœur à quelqu'un que tu aimes immensément est de loin une des plus lourdes épreuves. Dans toutes mes relations, je me suis fait délaisser, donc je ne suis pas habitué à faire souffrir. Je comprends maintenant que rompre avec quelqu'un, dans certains cas, peut être aussi difficile que se*

54

faire abandonner. Mais il fallait que j'arrête de me mentir à moi-même et de m'écouter pour cette nouvelle année. J'ai eu une grande révélation et j'ai compris quelque chose de très profond. C'était nécessaire pour mon développement et mon bonheur. Ça m'a demandé tout mon courage. Seigneur ! J'en tremble encore.

I'm still thinking about you all day, and I don't know if I should be afraid or not.

Je crois que tout le monde devrait prendre un temps de recul pour son introspection à l'extérieur de son pays. S'éloigner de sa ville natale, de la pression sociale et de l'idéologie très conservatrice, parfois malsaine de la société inculquée par les mœurs familiales, qui nous retiennent dans le passé et les zones de confort.

J'ai l'envie incontrôlable de te regarder pendant mille ans. D'être juste proche de toi et de te respecter au plus haut point, inconditionnellement… You are more than amazing and you turn me on as fuck. What I feel on my end is super intense. And I love that! Thank you, beautiful angel.

Her

Janvier 2020

Ton âme et la mienne valsent et s'élèvent sans cesse, c'est exponentiel, c'est l'infini. Mon instinct me dit qu'on va réaliser l'impossible ensemble. I need to know you more to accompany your growth.

Her

Embrace the change. Whatever happens, it is the best for you. Life gives you the best at any given moment. Nicolas, je repense à toi près de moi, et ça m'excite énormément. On dirait que nous avons tout juste commencé à nous découvrir et j'ai envie de plus. J'ai envie que tu sois près de moi. De pouvoir te toucher, te sentir, t'embrasser, lécher ton cou, ton torse nu, ton bas-ventre et plus bas... et arrêter le temps avec toi. Encore et encore... Que chacun de mes baisers et de mes gestes soit rempli d'amour pour toi. De partager avec toi ce que je ressens à ton égard. Je veux pour mon plaisir te faire plaisir. J'ai le goût d'aller plus loin dans notre côté sauvage, de me laisser emporter avec toi dans cet instant si précieux. Et plus, car je sais que j'ai tant à découvrir avec toi dans nos moments intimes... je trouve ça tellement inspirant, tellement sensuel... Ouf ! comme tu me fais de l'effet, Nicolas ! Je veux tellement partager avec toi ce sentiment.

Her

— Why are you afraid? What are you so afraid of?

— Parce qu'on est incroyables ensemble, Nicolas, et que ce n'est pas normal pour moi d'aimer autant.

Her

I feel so extremely authentic and pure with you. You need to know that I want our relationship to evolve, always. I like to feel that a relationship brings me further in life. You're giving me this feeling and, because you are on this path, I feel that we cannot stop co-creating and evolving together. It is infinite. That's light, that's pure, that's true love. Je te respecte tellement, Nicolas. Thank you for being the person you are. You're my favourite warrior.

Her

Janvier 2020

We are very far away from each other. I just got out of a long relationship. I can feel the distance between us, like a hidden shadow. I am finally and slowly starting to find myself again, but I still feel lost. I just got my freedom back, and I feel attached to you, but I am afraid. Do I have the courage to embrace the uncertainty of not knowing? Am I acting upon love or a fear-based response?

In fact, I've felt bliss since I met you, whatever our story will be.

Her

Janvier 2020

You are my far-away princess from a distant land,

Who crossed several thousand galaxies to reach me.

You are the one I was waiting for ... for so long.

Cela faisait tellement longtemps que je t'attendais, Nicolas. Je n'ai jamais autant ressenti mon corps. That's divine and I want to explore that with you so much.

Always, darling, my love.

Her

Février 2020

Par la suite, nous avons noué une sorte de relation à distance, lorsque j'ai laissé Lyra. Je demeurais à Montréal et Elle vivait à Puerto Morelos, au Mexique. J'étais encore proche de Lyra et nous entretenions toujours une certaine relation. Jusqu'à ce qu'Elle me fasse le plus beau cadeau du monde. Elle a pris un billet d'avion pour me rendre visite à Montréal pendant une semaine sans m'en informer. Ce fut le plus beau cadeau qu'on ne m'ait jamais offert ! Elle prit un vol pour venir me voir au début de février 2020 en tirant à pile ou face. Ce fut une situation compliquée, car Lyra devait venir chez moi cette soirée-là. J'ai dû lui dire qu'Elle allait rester une semaine chez moi. Ce fut très difficile, car mon ancienne compagne était encore amoureuse de moi, d'une certaine façon, et j'étais encore attaché à elle aussi. *I was not totally understanding or believing, perhaps, the entire gravity and reality of what was going on with Her. She stayed with me for a whole week,* pour réellement se connaître cette fois. Ensuite, elle est repartie en Amérique centrale pour un mois et demi de plus et, vers la fin mars 2020, elle est revenue au Canada à cause de la pandémie mondiale.

Nicolas, Amor,

Merci.

De m'accueillir et de me donner le sentiment si précieux de sécurité.

De m'aider à refléter l'amour, en matérialisant notre rêve dans la réalité.

De créer ces moments, ces aventures qui restent tatoués sur nos atomes.

De me faire découvrir le rythme de ton battement de cœur.

D'être toi, de me faire part de ton histoire.

De t'élever en ma présence.

Merci, Nicolas-Gabriel,

Je t'aime.

Her

Février 2020

Je veux expérimenter ton côté sauvage et je ne dirais jamais non à ça. J'ai l'envie de te faire l'amour comme aucune autre femme ne t'a fait l'amour. J'aime chaque parcelle de ton corps, Nicolas ! Je veux me laisser prendre par toi et te prendre en sentant la peau de ton dos sous mes mains, mes doigts, mes ongles. Sentir ton pénis en moi, faire l'amour en balançant le sauvage, la tendresse et la passion. Je t'aime, Nicolas.

Her

Toi, ce matin, entre mes deux jambes, embrassant langou-
reusement mes cuisses…

Feeling your breathing,

And then, avec ta langue —

Oh my God…

Pourquoi ? Qui es-tu, Nicolas ? Pourquoi est-ce que je pars
toujours dans un autre monde avec toi ?

Her

Je t'imaginais juste en train de me caresser les cheveux et le dos pendant que je savourais tes phéromones, ta sueur, ainsi que tous les effluves divins et sucrés de ta peau qui composent ton parfum de vie.

Nicolas, j'ai de la difficulté à communiquer certains de mes sentiments et à me laisser aller complètement parfois. Je suis actuellement dans l'avion et je pleure beaucoup. On vient de décoller et je sens mon cœur qui a mal, car je m'éloigne de toi. C'est ce même sentiment que je ressens chaque fois que je pars, mon corps complet réagit. Je veux te dire que j'aimerais être la femme sur qui tu peux compter, à qui tu peux tout confier, vraiment. J'aimerais être ta compagne de vie pour grandir ensemble et partager nos sentiments. J'aimerais pouvoir combattre la peur que j'ai face à l'amour et me laisser bercer par cette belle valse avec toi. Je fais de mon mieux pour y arriver. Tu m'aides énormément à croire en l'amour, de plus en plus, le vrai amour.

Merci.

Her

17 h 54, le mercredi 12 février 2020.

So, basically, three months and a half after I met Her, I was leaving Lyra on December 28, 2019. Two months after that, just after She went to surprise me in Montréal at the beginning of February, I thought I was ready to get back into a relationship, so we made it official. I committed to our unique love. She eventually made it back to Mexico.

A few days later, I cheated on Her with a friend. Then, with Lyra as well. She left me after that, over the phone. I fucked up everything. I spat on my growth and my potential by doing stupid things because I craved physical touch and approbation. I was not ready, even if I thought I was. My horny desires took over what I had resolved for me and Her. I fucked up everything. I thought I was so certain this time. Then, the pain, the blame, the shame, the guilt, the rage, the disappointment of being me were too horrible to live with.

I wanted to die.

IV. THE FALLING
(THE PHOENIX' ASHES)

And then, just like that, she left. She was gone in the same way she arrived in my life… Untamed, wild, unbroken, and unpredictable, like the morning breeze of a cold winter. Like the hot, arid breeze in a barren, dried field where there are only a few leaves that can change colour before falling to the ground to die.

Les mots ne rendent pas hommage ni honneur à ce que je ressens. Je passe des heures à me perdre dans mes pensées fatidiques. Je n'arrête pas de parler de moi. J'ai passé des heures à penser, à m'imaginer, à ressentir comment tu te sens. À quel point cela a dû être difficile, brisant, lourd et décevant pour toi ! Je t'écris en pleine conscience en ce moment, en écoutant ma mélodie préférée au piano, *Song on the Beach* par Arcade Fire. Et cela me met dans un état lunatique, sans émotions et la tête remplie d'incompréhension. Je pensais être prêt et j'ai réalisé que je l'étais lorsqu'il était trop tard. Je suis empathique, tout comme toi, donc je ressens tout. Je suis fier de toi. Je respecte ta décision, car tu t'es écoutée, *mi amor*. Je t'ai menti, car j'avais peur de te perdre. J'ai essayé de contrôler la situation avec des paroles provenant de mon mental. Ne croyez pas tout ce que votre cerveau vous dicte, il vous joue des tours.

Connectez-vous à votre cœur.

I know I will probably never see you again, darling, but I am always sending you love. My heart is yours forever.

Eagle meditations help us see everything from above and be detached from etheric traps. They welcome us in a state of joy and happiness, to feel more clarity and harness the art of letting go. I always feel close to you in spirit, even if we are not physically present together. I always feel at peace when I'm flying high, at ease and ready for war. I am ready to challenge and face the longing battles inside my mind to get back to you. I had to face myself first. And the battle seemed hopeless and endless many times, but I never gave up on me.

I never gave up on you.

I am wandering like a prisoner, lost in the labyrinth of my mind. Yeah, you've been through a lot, lately. Right, dear one? Yes, you've fought through hell back and forth for some time. I can't even describe how proud I am of you. You are a tremendous warrior. Don't give up on the fight, okay? And don't lose yourself under the weight of all the pressure you put on your shoulders to get where you want to go. Writing to you, to myself, is the only balm my soul knows.

What is it these days? Is it that you're afraid of commitment? Or that you're afraid of feeling like a bird placed in a cage? Well, I can tell you honestly, my friend: that cage, dear one, you built it yourself... But you are getting out. I think you say things like "I don't have energy to put into this new relationship" because you're scared of opening up to someone and being vulnerable. How could you be true to someone, if you're still telling lies to yourself? I think you say things like "I don't want this" because you know, deep down, you're not ready to open your heart totally and entirely, and that's okay... That's fine, because your soul knows, so trust your inner wisdom. And you won't destroy everything. Time and grace are unfolding in your path.

I think you must ask yourself this question: Why aren't you open to the possibility of being in a relationship? What's holding you back? *Qu'est-ce qui motive cette intention à la source ?* Is it fear? Are you afraid that they'll see you for what you are not, or maybe you are not able to set up your healthy boundaries and limitations? I think you are afraid of shining your light because you can't handle that much love pouring out of your heart right now.

The time will come.

Tout est noir et vide de sens. Nous ne nous voyons plus, nous ne parlons plus. Je ne dors plus la nuit. Je ne suis que l'ombre de moi-même. Je commence à ressentir la douleur de plus en plus. Je ne perds pas espoir. J'ai écrit pour toi, *Her*, une cinquantaine de lettres à la main et une diversité incontrôlable de poèmes. Je m'accroche à l'espoir. Tout semble malgré tout perdu et je me noie dans mes larmes de douleur.

Je pense tout le temps à elle, ici, maintenant, là-bas, dans les ténèbres ou la lumière. Elle éclaire continuellement ma route parmi les intempéries de la vie. Je voguais sur un bateau sans rames ni voiles autrefois, mais elle a toujours été le phare qui ramenait mon âme éperdue vers la rive.

Bonsoir, chère gitane,

Je t'écris cette lettre, car individuellement et au niveau collectif, nous vivons des temps incertains. La planète est malade et ne va vraiment pas bien. Je me dois de t'écrire, car c'est une situation critique dans mon cas. Tu n'es pas obligée de me répondre, mais il se passe tellement de choses de mon côté qu'il me faut te mettre au courant, car je serai indisponible pour un certain temps.

Je vais essayer de te la faire courte, mais ici, en ce moment, à Montréal, dans les transports en commun, c'est complètement mort. Il n'y a personne. La bourse est en train de chuter et à mon travail, nous attendons des réponses incertaines. Le patron est passé et nous a annoncé que le restaurant fermait officiellement ses portes demain. Je vais probablement passer les prochaines semaines chez mes parents, parce que Montréal se fait mettre en quarantaine. Donc, cela veut dire plus de travail ni d'université de mon côté, car tous les établissements ferment. Tant pis, je vais aller me ressourcer chez mes parents au bord de l'eau, à m'allumer des feux dans le bois.

Je vais être honnête avec toi. Ma santé mentale en ce moment prend d'énormes coups et je suis en profonde dépression. En somme, je ne vais vraiment pas bien. J'ai de grandes distorsions et tous mes traumas refont surface. Je prends ce temps-là pour moi et j'ai déjà organisé mes rendez-vous avec une thérapeute. Je vais retourner voir une psychologue pour les prochaines semaines, car je dois recalibrer mon cerveau de A à Z. J'ai également trouvé une guérisseuse qui fait des 'soul retrievals' et des 'past-life regressions', car je dois guérir le viol que j'ai subi dans mon enfance. Je veux que tu comprennes que malgré tout ce que je vis, même si ça me fait peur... je ne peux rien offrir, ni promettre, ni donner à qui que ce soit. Je veux que tu réalises à quel point j'ai besoin de me retrouver et je sais que tu peux respecter et comprendre cela.

Enfin, je sais pourquoi je t'ai trompée. Je me suis complètement menti à moi-même. Je pensais suivre mon instinct et m'écouter. Toutefois, ce dont j'avais besoin, c'était me retrouver avant tout, avant de m'engager avec toi. Je dois tout changer dans ma tête et dans ma vie, ce qui veut dire dénouer mes traumas, mes addictions, mes pensées, tout, en fait. I have to do this alone, because this is my fight. Je t'ai trompée, car je n'étais pas capable d'accepter tout l'amour que tu me donnais. Je sais que tu ne veux plus me parler ni entendre parler de moi. Mais je veux te rappeler que je veux toujours évoluer avec toi et grandir. Seulement, je me suis menti à moi-même et t'ai menti par conséquent, et pour cela... je suis profondément désolé. Mon amour pour toi est le même et continue de s'émanciper.

Je suis sorti d'une longue relation de deux ans et demi qui n'est pas encore cicatrisée et je dois la guérir. Je me suis lancé trop rapidement dans cette relation avec toi et je t'ai donné de faux espoirs. C'est ce que je voulais, être en couple avec toi, et je veux encore l'être. Toutefois, j'ai démontré par mes actions que je n'ai pas pu atteindre le niveau auquel je désirais être pour nous deux. Je n'ai pas été à la hauteur des paroles que je te disais. I was not able to walk my talk. Donc voilà, je t'aime et je pense sans cesse à toi. Je ne sais plus quoi faire. Je ne sais plus quoi croire. Je suis sorti de ma relation avec Lyra car je voulais être libre et ne plus me sentir comme dans une cage.

J'ai tellement eu de colère, dans ma dernière relation, que je n'ai pas été capable de vivre ma liberté et de respirer entre-temps. J'ai compris que je dois, pour mon propre bien-être, aller à mon rythme et m'écouter. Mais tu vois, je t'ai trompée et je suis trop traumatisé de mes agissements. Je veux tellement être avec toi, mais je ne suis pas encore assez prêt à m'investir dans une relation. Peut-être que ce sont mes distorsions de liberté qui me jouent des tours. Donc ce que je désire, c'est que tu comprennes que je ne peux pas m'engager en ce moment, car j'ai besoin de guérir, de me stabiliser, de gérer ma tête et mes crises d'anxiété. J'ai été diagnostiqué il y a longtemps : bipolarité, troubles obsessionnels compulsifs et dédoublement de personnalité. Mon esprit est mélangé et couvert de fumée brumeuse. Je comprends pourquoi tu as fermé la porte sur notre avenir. Mais au fond, je sais que nous aspirons à la même chose.

Tout ce que j'ai à t'offrir en ce moment, c'est de l'amour inconditionnel. Ça me demande beaucoup de courage d'être honnête avec toi. Je dois me guérir. C'est pourquoi je pars d'ici, pour un petit temps, pour un long temps, je ne le sais pas. Et ensuite, avec le temps qui va, je serai capable d'accepter tout cet amour que tu as pour moi et celui que j'ai à ton égard.

Je t'aime, mais comme tu l'as constaté, l'amour n'est pas assez et il faut des actions concrètes. Je suis extrémiste. Je ne veux pas abandonner le combat et j'espère que, malgré tout, tu prendras bien ma lettre. Ne t'attends à rien de moi. Ce que je veux dire par là, c'est que je veux me protéger et me défendre contre mes actes qui pourraient être contre notre amour. Au fond, je le sais que je t'aime. Je ne sais juste pas comment aimer proprement. Je suis un homme amoureux de toi comme personne d'autre dans ta vie, je te le confirme. Mais trop instable en ce moment pour s'engager. Je suis complètement perdu et je dois me retrouver. Je dois me reconnecter à ma source véritable.

Mon cœur, ma tête et mon âme te réclament et ne font que penser à toi. Je n'ai pas de réponses. J'ai peur. Je vis dans la peur et mon estime personnelle a pris un méchant coup dans ma rupture avec Lyra et dans la tromperie que je t'ai causée. J'ai besoin d'aide professionnelle, psychologique et médicale, et je ne sais pas combien de temps cela va prendre. Je pense sans cesse à toi. J'ai espoir et confiance en la vie, et en moi. But I need time, and I need to be patient with myself.

I love you.

Hopefully, we'll see each other soon.

Merci.

Love, always.

Début mars 2020.

I lost you. Je ne sais pas si je serai capable d'ouvrir mes bras à une autre femme désormais. Ainsi soit-il. J'aimerais pouvoir te dire que tout va s'arranger entre nous, mais je sais très bien que j'ai depuis longtemps dépassé le stade du pardon. Même si aucun d'entre nous ne peut trouver une réponse maintenant à toute la douleur, à la fumée et au brouillard qui nous entourent. Nous aurons tout de même passé un chapitre de vie ensemble. Et cette pensée essuie les larmes de sang de mon cœur. En même temps, cela me laisse un goût d'amertume.

Lorsque je t'ai brisée et que tu m'as confirmé que tu ne reviendrais pas vers moi tant que je ne me considérerais pas apte ni digne d'être à tes côtés, je le croyais. Je le pense toujours dans tous les recoins électrisants de mon corps. Lorsque je serai prêt, je reviendrai vers toi, car tu m'as dit autrefois que tu serais prête à m'attendre. Et même s'il est trop tard, j'apprends à ne pas revenir sur mes paroles ! Je garde l'espoir d'une vie à tes côtés.

J'aurais tellement voulu être à toi,

Que tu sois mienne,

Que je t'appartienne,

Que tu m'appartiennes,

J'aurais tant aimé t'apporter plus.

As soon as there's a problem — whether I created it or not, whether I caused it or not — I blame myself. I must catch myself in this pattern when self-blame knocks at the door and know that it's not me, it is only a part of me. There is a part of me that loves myself, and a part of me that hates myself. Which one am I feeding daily? Each time I catch this, I'm healing it. That's how neurobiology works. I need to go one step at a time and, at my own pace. It's time to be creative and curious with all the ways I can liberate myself. Thank you to my therapist for their invaluable support and guidance!

What is Art?

What is Pressure?

Art is intuitive, constantly flowing, moving and channelling energy. Art is transformation and trusting in the inspiration that is being given to you. Because to flow, you need trust.

Pressure is anxiety and a lot of worrying— it fucking sucks. It is draining, heavy, and it creates self-doubt and insecurities.

If you want to heal other people, you don't need to be fully healed; you need integrity. I don't have all the answers, I have wounds like everyone else. But I can still help others, and I'm not denying the parts of me that need healing. Integrity is truth. I have my really bad moments. Some days are way harder than others. Yet I'm learning. During this time period, the things happening on a global scale, affecting the huge collective unconscious, are nothing to take personally. Everything happening in the world right now is just a minor reflection of what we feel inside of us, and what we project in the external world. Some days, with the current situation, it causes me a lot of stress, and I feel as if I will never be able to realize my dreams right now. But it has nothing to do with me. I gently remind myself that this fear is not mine to bear; it is external and doesn't belong to me, and even if this time in history is challenging, it is happening to us for a higher purpose.

Don't forget this is not just about you. Many things are out of our control right now. What we can control is how we adapt and shift our perspective to what is happening. We can change fear into hope. We can adapt to stay happy and live without pressure with a good balance. You can be happy, and have your good days. You can be happy and go through some rough days, too. Don't forget that you are allowed to feel anything that needs to be felt. There are so many great ways to release your stress level in a healthy way. You can either choose Pressure, or Art. The choice is yours.

P.S. Choose Art.

I feel tortured, scattered, and shattered. I'm being torn apart inside, between two people. *Étant prisonnier de mon passé et voulant incarner les promesses d'un futur proche.* I am an addict, lost between two worlds, trying to cross an invisible bridge over the abyss that will take me to heaven. I just want peace.

Je l'aime éperdument, constamment, d'un amour grandissant continuellement. Je l'aime de toute la force de mon âme. Mes mots ne rendront jamais hommage à la grandeur de son âme. S'il y a une vérité universelle et absolue dans cet Univers, c'est que je l'ai aimée, que je l'aime et que je l'aimerai toujours pour qui elle est. Même si, pour cela, je dois accepter qu'elle ne m'ouvre plus jamais ses bras.

Le chemin que nous avons entrepris ensemble n'est pas facile. Il est même très escarpé parfois. Une relation, ça se doit d'être simple, et si ça devient compliqué, alors les deux partis doivent se réunir et trouver un commun accord. Comment pouvons-nous évoluer lorsque l'amour se transforme en haine ? Comment pouvons-nous nous pardonner nos pires actes si à la fin, nous avons perdu notre âme sœur ? Que faire si notre âme est séparée en deux corps distincts ?

Nous ne pouvons changer le passé. C'est impossible. Rien ne sera jamais plus comme avant. Il est vrai que nous ne pouvons rattraper le temps perdu. Certaines blessures que nous garderons à jamais reviendront toujours nous hanter. Que cela nous plaise ou non, c'est notre devoir d'intégrer dans notre code d'honneur cette nouvelle vérité, la vérité qui consiste à apprendre les leçons semées par nos erreurs. Et lorsque nous comprenons cela, les erreurs deviennent des leçons et les problèmes disparaissent pour qu'apparaisse à nous un champ vaste et rayonnant de solutions infinies. *All your pain has made you the beautiful being that you incarnate right now. And that's strength, my friend.*

I hope to become a warrior like you one day.

Même si tu ne veux plus de moi dans cette vie, je sais que nous avons été amoureux dans nos vies antérieures et que nous le serons sûrement dans les prochaines. Le mystère est pénible à encaisser pour une libellule égarée, dont les ailes se sont effritées sous le souffle impitoyable du vent.

Voir les couples se tenir la main, s'embrasser en public et être dans leur petite bulle en pleine rue... Tout ça me manque beaucoup depuis le covid. Ils créent des miracles ensemble, sans se rendre compte qu'ils inspirent autrui par leur allure romanesque baroque.

Être amoureux, c'est fournir des efforts chaque jour pour devenir la meilleure version de soi-même. Je suis prêt à changer pour moi, pour toi et pour nous. Notre amour est plus grand que ces souffrances limitatives qui nous empêchent d'atteindre notre plein potentiel. Je suis prêt à produire ces efforts. J'ai réalisé que même si nous avons été amoureux pendant des centaines d'années auparavant et que nos âmes se sont suivies, cette vie-ci, sans toi, n'est pas une option.

Je veux fusionner avec toi. Je veux chanter avec les oiseaux en ta compagnie, rire sous le bruissement des feuilles dans les arbres. Je te veux près de moi chaque jour, sentir et entendre la caresse du vent sur nos joues rouges, jouer dans les collines, courir et s'attraper comme des enfants insouciants en oubliant tous les affreux contes de la vie. Je te veux chaque jour près de moi pour gravir des montagnes enneigées et brumeuses. Je t'appartiens.

Je sais très bien que ceci doit être la centième lettre que je t'écris depuis que tu m'as quitté. Je ne sais pas pourquoi je continue de t'écrire. Je sais que mes lettres ne te rejoindront jamais de toute façon. Je ne te les envoie pas, car je ne veux pas te déranger, mais je continue d'écrire, par espoir peut-être. Je viens de passer la dernière heure en transe. J'étais devant le miroir, pleinement nu, en tant qu'entité qui se comprend, s'accepte et se réalise en lotus. J'en tremble encore. C'était un beau moment d'acceptation. La lune éclaire énormément ce soir, elle est immense et je la ressens. Je suis en train de sortir de la plus grande illusion de ma vie, que je me suis créée pour me protéger et survivre. *I just realized that I treated myself like a child and I didn't trust my strength. It may be that a perfect being does not exist at all in the world. I've never been perfect and never will be. But I learn and continue to fight, even when I'm afraid. I had to accept myself just as I was. But I didn't. I lied to myself, and to everyone in the past.*

Mon amour pour elle est intemporel, impérissable, et transcende toutes les fusions des êtres épicuriens qui existent sur Terre.

L'important, c'est de faire de notre mieux. Et de toujours continuer, de ne jamais abandonner de croire en un monde meilleur. Car c'est ainsi que tu demeureras, ma chère : un ange parmi les humains.

Lorsque je te regardais, j'oubliais qui j'étais et ce que je valais au fond. J'étais égaré dans une vision idéalisée de ton mysticisme. Tu m'as tellement inspiré que j'en ai oublié ma propre inspiration. Je me suis perdu dans ce canevas de couleurs qui forment ton essence.

Please tell me…
Please let me know…
Send me a sign.
Do you dream of me too?

Elle était une multitude de découvertes à la fois, à chaque instant, à travers chaque mouvement. Elle avait toujours voulu être différente des autres. Je croyais qu'en suivant son changement constant, j'allais pouvoir changer assez rapidement pour vivre cette nouveauté. Mais tout changea et se bouscula beaucoup trop vite. J'ai parfois l'impression qu'elle n'a jamais été là, présente. Je l'ai toujours attendue, cette célèbre muse avec ses dons fantastiques, bien cachés dans son for intérieur.

J'ai longtemps cru que nous pourrions nous retrouver un jour, et que tout fonctionnerait enfin. Que nous pourrions rattraper nos rêves déchus dans les vagues du changement ! Je tremble en espérant, à la façon d'une embarcation chavirée, près d'une île illuminée par un phare lointain, que nous nous reverrons. Jusqu'à ce que tu atteignes les berges de cette île éclairée par ma lumière, tu me manqueras désespérément. Notre histoire démontre combien les désastres de l'amour peuvent semer les graines d'un futur plus dévastateur encore.

La seule chaleur que j'ai ressentie pendant des mois, au beau milieu de la nuit, fut la froideur du silence et des draps vides, exempts de sa présence et de sa crinière fougueuse. J'écris ces lignes pour démontrer à quel point j'ai aimé cette femme. À quel point, au bout de la ligne verte, nous nous sommes annihilés mutuellement ! Je veux me rappeler combien j'ai souffert, et combien j'ai éprouvé d'amour pour elle. Je désire qu'à la fin de ma vie, on se rappelle à quel point j'ai aimé. Que je l'aime encore.

Elle n'est pas un trophée. Elle est la briseuse de chaînes, celle qui remplit d'encre et d'or les veines, les os et la chair. Elle est la voyante des âmes qui se mentent à elles-mêmes. Elle est la prêtresse guerrière mystique qui dévore la vérité et vous la recrache en plein visage. Elle est celle qui t'interroge : qui es-tu sous toutes ces façades ? Peux-tu laisser derrière toi ton ancienne identité, en dépit de ton attachement ?

Je suis le vent,

Je suis le ciel libre,

Je suis les fréquences,

Je suis les vibrations,

La musique me guide et me transforme,

Je suis éternel.

So long, honey.

Comment est-ce possible que deux êtres amoureux deviennent du jour au lendemain de parfaits inconnus ? *Why did it come to this?*

J'ai de la difficulté à communiquer certains de mes sentiments. Hélas, je n'ai pas pu être à la hauteur de notre amour pendant un instant. Mais je t'en prie, n'oublie pas ce qu'on peut s'apporter l'un à l'autre. Je pleure constamment, sans arrêt. Je te sens si loin de moi. Je sens mon cœur qui a tant de mal à accepter le fait que j'ai gâché et détruit tout de notre magnifique histoire. J'espère de tout cœur que tu seras prête un jour à me laisser rentrer et que ton cœur n'est pas fermé à l'idée d'une vie merveilleuse avec moi. Je te sens t'éloigner de moi et je voudrais tant que tu comprennes que je t'aime encore comme aucun homme ne t'a aimée auparavant, malgré mon erreur et cette leçon. *I don't know how to be, without telling you how I feel*. Je ne sais pas comment être sans t'écrire. Mon corps entier tremble et réagit. Je veux que tu comprennes que j'aimerais être l'homme sur qui tu peux compter, à qui tu peux tout dire, avec qui tout partager.

J'aurais aimé te dire à quel point je regrette. J'aurais aimé te dire à quel point je suis désolé. J'aurais tant voulu être prêt pour toi avant d'allumer la chandelle qui allait ravager l'encre magnifique de notre histoire coulée et forgée à plaie ouverte sur un parchemin vieux, sec et usé. J'aurais aimé que tu saches toute la douleur de mon âme à cette époque et que, peut-être, tu ne le prennes pas personnellement, que tu réalises que cette douleur n'était pas contre toi ni contre nous. Je n'étais pas prêt à recevoir tout cet amour que tu m'offrais. Ce fut ma plus grande erreur et ma plus grande déception, et je l'assume amplement, à chaque instant.

Je me souviendrai toujours de ta voix entremêlée de flots de larmes, me disant que tu n'avais jamais aimé personne de la manière dont tu m'aimais. Je me souviens, dans nos derniers moments, lorsque tu m'as révélé que j'étais ta plus belle histoire d'amour pour toujours. Je me souviens que tu m'as dit que tu ne t'étais jamais sentie aussi aimée et appréciée que par ma simple présence, mes actions, mes paroles et mes intentions envers toi. Je me souviens lorsque tu m'as dit, avant de raccrocher, que même si aucun homme ne t'a aimée comme je t'aime, tu ne pouvais plus accepter cet amour, car tu méritais de te faire aimer et respecter selon tes propres termes. Tu as alors accepté de t'aimer de la façon dont tu le méritais, et ça, ça vaut tout l'or du monde. Cet amour majestueusement imposant viendra de toi désormais… Mais tu ne peux pas me demander de ne plus t'aimer…

J'essaie de trouver un sens à notre rupture, mais je n'en trouve pas, et dans le moment présent, tout ce que je ressens, c'est une déception lourde face à ce qui s'est passé. La seule façon d'extérioriser mes émotions et de ne pas tomber dans la victimisation, c'est d'écrire. Écrire jusqu'à ce que le supplice s'estompe ou s'amenuise doucement. J'ai l'impression que je devrai écrire des centaines de pages jusqu'à ce que la douleur s'affaiblisse. J'ai trop peu d'espoir, mais cette lueur qui m'anime est ravageuse. *My broken heart warms at the mere thought of you.*

Today, I cry.

Today, the silent tears burning my cheeks are for the pain that I caused you, as I hope that you will still want me.

Ma lumineuse vie qui dépérit à vue d'œil se résume à une douleur trop vive pour y survivre. Je ressens de la peine, de la joie, de la souffrance, de la tristesse, de l'incompréhension et du bonheur. C'est un brutal supplice. Ceci est mon châtiment indéniable. Je veux te serrer contre moi jusqu'à nous faire oublier tout le mal que j'ai pu nous infliger.

Life should always be cherished. It should always be about living fully, not just existing in a diminished and withered state of survival.

Il y a des jours où tout semble clair, et d'autres jours sont plus noirs et désuets, qui me démontrent que la vie n'a aucun sens sans toi. Lors de notre dernière conversation, tu m'as dit que nous serions ensemble un jour, mais pas dans cette vie-ci. Aujourd'hui, est une journée où mon âme est prisonnière du passé. Permets-moi de t'exprimer cela du plus profond de mon être, dans le respect. Le respect que tu m'as toujours offert et que je n'ai pas su t'apporter en retour. Si nous devons nous retrouver dans cette vie-ci et ne pas nous enflammer romantiquement, je t'accueillerai avec tout l'amour le plus sincère et inconditionnel du monde. Et si jamais, dans de prochaines dimensions ou dans de fastueux palais de lointains royaumes, nous nous retrouvions encore — ce que nous ferons, car nos deux chemins sont liés —, je t'aimerai toujours et tâcherai de ne pas refaire les erreurs que j'ai commises autrefois. Et j'espère de tout cœur que tu seras ouverte à entrevoir tout le chemin que j'aurai parcouru, seul, avant d'être prêt à te retrouver.

People who are going through tremendous amounts of pain always tend to understand other individuals who are suffering. They meet silently in pain and sometimes only with eye contact. They understand, feel, and vibrate the profound distress and darkness the other is going through. Broken hearts and broken souls attract those kinds of vibes easily because they know. Their own shadows are only mirrors as they reflect into the traumas of the other self, like there's a silent mutual respect between them.

People with a genuine heart are going to get hurt the most. Because they are pure, and their intentions are never bad. You believe in people so much, but you need to believe in yourself, as well. You should expect the same amount of love you're eager and ready to give but be able to receive it as well.

Real and true healing is fucking hard. It's tiring. It makes you feel out of breath most of the time. Real healing is messy, heavy, and draining. It will suck all the energy from you some days.

Just *be*.

You don't have to do anything except accept what is. Release this false idea of control and accept. Allow yourself to be vulnerable. Accept what you can't comprehend yet. Accept the fact that you are lost and that you don't know what to do. This too shall pass, but create space for it to express its voice.

Just B.

You deserve everything. I wish all the best for you, and your evolution. Every part of my soul is shaking while writing these words, because I want you to be happy and liberated. You deserve to reach and accomplish your goals and be satisfied with your whole life.

I am scared. I am petrified that maybe I'm gonna have to keep fighting a battle that already seems lost. Every day with you, every moment, every touch, every text, every call, every smell of your hair, every single moment in your company — *chaque moment passé ensemble vaut tout l'or du monde.*

I will always be yours.

Everywhere I look, I see you, and it hurts. I feel bad because I tried to keep you. You had to go away, while I was waiting for a miracle that would never come. J'ai toujours gardé l'espoir que tu reviendrais. *I tried to hold on to that, to us, to a hope of us being together.* Mais ma ferveur dévotionnelle m'a aveuglé et nous a brûlés à petit feu. *I guess it wouldn't work anyway. I miss you.* Je m'en veux de nous avoir détruits. Ce n'est la faute de personne en fait, seulement la mienne. *It's just life.* Je suis plein de cette tristesse, de mon cœur brisé, de mes expériences, de mes échecs, de mes conquêtes, de mes peines, de ma mélancolie. Tout cela fait la magnifique personne brisée que je suis !

What does it mean to love someone in the purest way? De ne pas remuer le tisonnier brûlant dans les cendres encore chaudes des traumas ? Comment ne pas entraver la liberté d'autrui et rester ouvert et sain d'esprit ? Ta liberté s'arrête là où celle de l'autre commence. Tu ne peux te proclamer libre et te mettre toi-même dans une cage.

C'est moi qui décidais tout le temps de garder mes émotions pour moi, de les refouler et de me reclure dans ma détresse pour ne pas la transmettre à mes proches. Les uns à la suite des autres, je les vis en l'espace de plusieurs mois. Ils ont honorablement donné lumière et courage à mon âme dans les pires moments sombres de mon existence. Tout ce que je voulais, c'était m'isoler dans ma douleur et l'incarner. Mes amis m'ont sauvé la vie. Ils m'ont permis de ne pas appuyer sur la détente.

Cécile, Angela, Vincent, Antoine, Margo, Émile, Alexe, Lydia, Arianne, Marguerite, Adèle, Laurent, Phil et Max.

Je vous serai toujours éternellement reconnaissant.

Elle me peinturait des canevas, m'écrivait des poèmes, me chantait des chansons et me regardait avec tant de passion. Elle me disait des choses sérieuses de la vie. Elle me percevait et m'édifiait comme quelqu'un de si important et me tenait en haute estime. Elle voulait me décrocher la lune. Et je l'ai éclatée en mille morceaux comme du verre qui se fracasse. J'ai pris de sa lumière et je me suis brûlé par intermittence.

Elle était passionnée, cela n'a pas duré ! Comme toutes les flammes qui s'éteignent sauvagement sous le voile miroitant de la nuit. Les pétales se sont refermés, les couleurs se sont ramifiées et l'écho du silence a finalement battu son plein dans la torpeur de notre ère brisée.

Tu n'as pas à me pardonner et tu n'auras jamais à le faire, car moi, je me serai pardonné. Et peu importe dans quel pays tu te trouves et où la vie t'amène... Sache ceci : je t'aimerai toujours. Tu es et seras toujours la source de mes prières. Tu seras toujours le plus beau présent que la vie m'ait offert.

Je tenais à te dire ce qui m'a fait m'élever électriquement en amour avec toi au moment où je t'ai aperçue. Outre le fait que j'ai eu un coup de foudre, c'est ton âme. Je ne parle pas seulement de ton énergie, ta beauté, ton mystère, tes yeux, ton sourire chavirant, ni de tes cheveux. Oui, bien entendu, l'énergie que tu dégageais et répands encore se passe de mots... Mais ton âme est la plus pure et parfaite imperfection divine. Je ne t'ai jamais vraiment avoué cela ainsi, mais au fond, je ne sais même pas pourquoi je t'aime entièrement.

Beaucoup d'écrivains et de guides spirituels ont affirmé que ce que nous sommes est défini par nos actions. C'est, ma foi, très vrai, certes. Mais il y a une subtile particularité à ce phénomène. C'est qu'être sans attentes, sans attaches, sans douleur, sans passé ni futur est ce que nous devons aspirer à devenir. C'est toi que j'aime et je veux grandir avec toi. À la première seconde du premier moment de notre rencontre, sans un mot... J'avais touché, vu, vécu, ressenti et chéri la source de ta quintessence.

On est si loin l'un de l'autre. Je sais bien que tu dois me considérer fou avec mes écrits et que tu dois trouver cela étrange que j'écrive une partie de notre histoire déchue ainsi. En fin de compte, on ne se connaît pas vraiment. Nous n'aurons passé que quelques jours ensemble à nous connaître. J'ai encore l'impression que je te connais depuis des milliers d'années. Depuis septembre, nous avons vécu une vie que la plupart des gens ne connaîtront jamais. J'espère que cette épreuve ne sera qu'une période de transformation vers une nouvelle forme de relation plus saine pour nous deux. Certains jours, je ressens tes larmes et je m'inquiète pour toi, mais je sais que tu traverses les épreuves que l'Univers trace sur ton chemin avec tant de bravoure.

Chère déesse,

Les dernières semaines ont été assez difficiles pour moi, car je n'arrive pas du tout à fermer l'œil. Lorsque je suis éveillé, tu es là. Et lorsque je suis endormi, je rêve de toi. Tu es constamment dans mes songes et réalités. J'essaie de ne pas être trop amer ou triste en réalisant qu'une parcelle de notre histoire est terminée, et j'ai espoir. Ce que nous avons vécu était vrai, et l'est toujours pour moi, même si jamais rien ne sera plus comme avant. J'essaie de rester fort en me remémorant nos moments inoubliables ensemble, sans incarner un encrier du passé. Tu m'as tellement apporté. Au-delà de mes espérances, j'ai vécu les plus beaux sentiments qu'un homme peut se permettre de convoiter ou de ressentir.

Mes pensées sont miennes, mes actes m'appartiennent, mon corps est mien et mes regards sont tournés vers l'avant. Pas à pas, j'avance tranquillement. Mais cette avant-dernière affirmation est fausse, car mon regard est tourné vers toi, tout comme mes pas incessants. Mon corps est tien depuis le jour où tu as dû t'écouter et ne plus souffrir davantage. Lorsque je t'ai trompée et que mon corps s'est livré à une autre, nos rêves et nos attentes se sont abolis. La perfection de ce que je visualisais avec toi s'effondra – je tombai dans un abysse. Mon cœur sombra dans la haine. Maintenant, mes pensées convergent vers ce que nous voulions réellement devenir. Tu étais prête, je ne l'étais pas et maintenant je le suis. Diantre ! Que cette vie est ironique, ma foi !

J'attends, et j'attends toujours ;
You changed my world forever,
And you still do.

Elle est partie en emportant avec elle une partie de moi-même. Après ce jour, jamais plus je ne serai le même. Pourquoi ? Parce qu'elle était ma douce moitié et que l'autre part se retrouve dénudée de vie en ce moment.

Mes anciennes relations amoureuses, ainsi qu'Elle, plus que toute autre, étaient de ces personnes qui te font réaliser dans la vie à quel point tu as besoin de t'aimer. Elle m'a fait prendre conscience que je devais aimer mon être dans son entièreté. *She was there for that, at least;* pour me faire avancer et me permettre de m'accomplir sur mon chemin spirituel. Elle a été là pour me faire savoir ce que je désirais réellement et commencer une nouvelle vie en même temps que de fermer le chapitre de la dernière. *She opened her heart to me, and that was the greatest gift I could ever get in return: her love. People can change, people can heal.* Parfois, le temps d'une vie n'est pas assez pour guérir un cœur brisé.

Je me souviens d'une scintillante flamme violette qui émanait de tes yeux lorsque nous faisions l'amour, voilà des siècles, qui sait ? Que nous nous échangions cette douceur et cette chaleur partagée. Je le savais, je l'ai su au moment où tu es revenue par magie. Je savais que nous avions déjà été ensemble et que nous le serions encore. Maintenant, prisonnier de mes innombrables supplices, je me rappelle tant de souvenirs passés avec toi, de joies, d'émotions, d'authenticité, de vérité, de nos anciennes expériences ensemble, mais spécifiquement des fous rires. Tant de fous rires et d'amour que nous avons partagés. Et ensuite, lorsque tu es partie, j'ai eu peur. J'ai hésité et douté de moi et la peur m'a pris. Mon cœur était encore embastillé par ce gros manque d'amour — amour que je ne croyais pas mériter, étant donné ma situation émotionnelle à ce moment. Je connais ma force, ma vitalité, mon esprit combattant de guerrier, ma valeur et la grandeur de mon pouvoir. Et dans un moment de faiblesse psychologique, j'ai tout gâché. Merci infiniment d'être cette forte créature que je respecte tant. Tu t'es écoutée. Malgré la douleur, les doutes, le chagrin et la peur… Tu t'es écoutée.

And that was the most courageous thing you could have done for your self-love and worth.

Sois fière de toi, guerrière des temps modernes. Il est bien important et mature de donner du temps au temps. Seules les actions ont une réelle signification. Les mots ne valent rien. Tu étais prête, je croyais l'être et je t'ai perdue dans la paume de ma main.

La peur a guidé mes actions. Une partie de moi-même essaie de faire jaillir cette partie fragmentée de mon esprit. La douleur est insupportable. Je sais qu'elle passera et qu'elle se réduira en poussière. Je t'écris, car mon âme et mon cœur me disent que c'est la meilleure chose à faire. Je voulais être le premier à te chérir dans mes bras, sans te faire souffrir. Peu importe ce qui se passera, je te respecterai toujours.

Dear butterfly,

Je sais que je ne sais pas. Je ne me fais pas, ou plutôt, j'essaie de ne pas me faire de faux espoirs ! Honnêtement, chère âme, si tu savais combien t'écrire en ce moment me permet de me guérir dans un sens. *I am a hopeless wine lover and a romantic at heart.* Suis-je désespéré ? Peut-être, mais je ne crains pas de m'affirmer et de te le démontrer.

J'étais tellement emmêlé et dépourvu de tout repère. J'avais si mal que j'ai chuté une deuxième fois en me laissant emporter. Le désir sexuel s'est emparé de moi et j'ai brisé une fois de plus notre lien sacré. J'ai failli le briser à maintes reprises. J'étais lamentablement perdu. J'engourdissais la douleur avec des drogues sans signification pour me permettre de respirer entre chaque dose de peine et de chagrin qui m'envahissait l'esprit et me pourrissait l'âme.

I hurt myself and I hurt you so bad in return. You didn't deserve this, but you do deserve our love to grow and expand. Je ne vais rien forcer, mais laisser la vie couler comme elle le doit. Merci d'éclairer ma route, de ta grandeur d'âme, de ta compassion, de ton ouverture d'esprit et de ton cœur généreux sans précédent. Je sais que tu es blessée, mon amour, je le suis autant que toi, crois-moi. Je veux être avec toi autant que la lune et le soleil dans leur cycle supra-dimensionnel. *I see you and I feel you. That's why I am respecting your needs and boundaries, for your well-being and space. It's the most natural thing I can do right now.*

Love yourself enough to have the strength every day when you wake up, to grow a little bit closer to realizing your dreams. That, my friend, is worth more than all the tiny little ephemeral and hedonistic pleasures of life.

À la fin ou au début, on finit toujours par souffrir de la souffrance qu'on a causée à autrui. Il m'a fallu vivre la souffrance que j'ai semée en tant de gens pour comprendre le sens du mot « compassion ». Nous construisons notre propre enfer et notre paradis. Il est préférable de plonger dans cet océan de douleur pour nous libérer de cette prison mentale.

Ce ne sont pas mes mains ni mes doigts qui t'écrivent... Peut-être est-ce mon âme ? Mais je sens le souffle ardent des voix de nos enfants qui me poussent à continuer de t'écrire et à te réciter ces poèmes. Je sens ton Moi suprême qui me remercie de ne pas avoir abandonné une fois de plus tout ce que nous pouvions créer et bâtir ensemble.

To anyone who feels this way:

I know it hurts, baby. I know exactly how it feels, and I know that the last thing you want to do is to feel it. You just want to shut down, forget everything, and hope in vain that it's all just a bad dream. But I hope you remember these words and believe that this pain will pass. Not wanting to feel it pushes it further away. I know you want to numb yourself, forget everything, be high, take that next pill or whatever is going to fill the immense void inside. But you will never attain those higher rewards if you always patch the hole. Bigger rewards are to come if you dare to sit with the pain and embrace it as it is, right now.

Let it consume you. Be in the dark, feel the sadness, the sorrow, the pain. Let it burn you. It will never consume you entirely because you are still filled with sparkles of light that exist within you while you are metamorphosing. This pain will transform you into something greater than yourself. You can put your attention and focus on whatever you want right now. But don't forget, darling, it's only a patch.

We are soulmates. Je n'ai jamais été aussi sûr d'une vérité intrinsèque comme de celle-ci. Ce coup de foudre entre nous était et demeure tellement important. J'ai espoir que nous pourrons continuer à nous aimer et grandir ensemble. Je t'aime infiniment, déesse sacrée.

Je désire m'élever avec toi, danser, et qu'on se donne le meilleur. Even if our story is over, I feel truly blessed since our meeting. You are so strong, and your soul knows it. You are truly able to listen to yourself. *Tu es la plus puissante guerrière qui parcourt ce chemin depuis le commencement des temps anciens.*

To me, to you, to everyone:

You are needed, and you are a creative being. The world needs more light right now, so shine bright, dear flower. Don't forget, you must be able to hold firm whenever your shadow manifests. You can't be a luminous light warrior without first acknowledging your shadow and the deepest, darkest parts of your mind.

The state of the world is creating insecurities and instability right now. Don't forget you are a butterfly stretching your wings and learning how to fly. Catch yourself with an honest heart whenever you feel pressure or shame, before it kills the inspiration of your soul.

Everything you're running from
Is already healed, saved, and whole inside of you—
Here, now, always.
What I mean is,
You can't outrun yourself.
No matter how far you go,
Even on the other side of the planet,
You will find yourself again.

V. THE RISE OF THE DRAGONS

Lorsqu'elle est finalement revenue de ses voyages innombrables autour du monde après d'interminables mois d'attente, je n'en croyais pas mes yeux. Elle, qui était partie si loin découvrir le monde, ne m'avait pas oublié. Elle avait toujours été amoureuse de moi, malgré tout ce que je lui avais infligé. Elle-même avait beaucoup travaillé de son côté et vécu d'innombrables ouragans émotionnels pour aller au-delà de la colère et du pardon. Cela a pris quelque temps avant qu'elle ne me contacte par téléphone. Je me souviendrai toujours de sa voix hésitante lorsqu'elle prononça mon nom à haute voix. Le soleil se couchait à l'ouest et mon cœur s'emballa, les yeux rivés sur l'horizon. Les montagnes du nord ainsi que le fleuve Saint-Laurent étaient de toute beauté. Le coucher de soleil étincelait de teintes orangées chatoyantes et turquoises. J'étais estomaqué et me sentais béni des dieux qu'elle me recontacte. Nous nous sommes confinés ensemble le 26 mars 2020 pendant deux mois et demi. Je terminais la fac fin avril, en ligne, à cause de la pandémie. J'ai passé mon dernier cours universitaire dans le bois, en pleine nature avec elle et la vue sur le lac. Nous étions ensemble, réunis, en abondance, tous les deux. La joie de vivre et l'amour battaient leur plein en ce temps-là. Nos chemins ont été parsemés d'embûches et d'aventures avant que nous puissions nous revoir et redécouvrir l'amour. Certes, notre histoire n'était pas toute rose. Nous avions beaucoup de blessures à guérir, et j'avais beaucoup à rattraper. Nous apprenions à nous connaître vraiment, et ce, rapidement. Il restait toujours les déchets émotionnels du passé qui gravitaient autour de nous. Ce n'était pas facile du tout, de s'élever dans cet amour. Cependant, nos âmes étaient immensément heureuses d'être enfin réunies. L'énergie et les émotions étaient difficiles à contrôler.

I care about you, much more than you could ever imagine.

Her

You need to trust the universe more. Don't forget that you are the universe. So, trust in it and yourself, because that is all the same in the end. Love is the answer and shall always be the ultimate way. So, to all you lost souls who are reading these lines: compassion is the key.

Do you know what it's like to forsake yourself? She believed in me when I had given up on my redemption. She saved me from myself, and for that …

I will eternally be grateful.

There's nothing easy in realizing that you've been self-sab-otaging for almost all your life, but you can turn the tide to achieve your dreams, right now. Don't forget, dear one, that discipline is the inner strength that you need to reach your goals and meet the results you want to manifest. You will get there. I know you will because I believe in you so much. You know I do. And even if it feels as if it's the end of the fucking world some days, don't worry. You are not alone. Let those grey clouds navigate towards you. Don't try to change them for something other than what they are. Don't force it, just let yourself go through it. Those clouds will change their shape anyway, as soon as you release it, and let go! Let go of the attachment that is blinding you. Let the light penetrate every particle of your being.

The best thing about my life is my undying love for you. My devotion towards your divinity is eternal and kindled among the stars. I continued to love and cherish you madly, and maybe that is the reason why you came back. I never stopped loving you, and you came back to me. You forgave me. My love for you changed the world. That is one of the most mysterious creations of the universe: the ability to create and the power of love can shape and change the course of destiny.

Le feu passionnel est une volonté qui nous anime tous. Ce feu est notre combattant et allié le plus vigoureux pour nous aider dans notre vie. Je décèle notre puissance combinée lorsque nous sommes ensemble à créer de nouvelles constellations grâce à notre fusion charnelle.

À mon amoureux,

Joyeux anniversaire, Nicolas.

Il n'y a pas de mots pour décrire à quel point mon sentiment de gratitude est puissant quant au fait que tu existes, que nous avons pu nous rencontrer, nous retrouver, et qu'aujourd'hui même tu sois avec moi ici, dans ce moment présent si précieux. Plus les jours passent, plus j'apprends à te connaître et à t'aimer de manière pure et vraie, c'est simple et infini... Mon amour grandit tous les jours. Merci d'être toi, merci d'être là. J'y ai repensé et sincèrement, c'est la plus belle quarantaine que j'aurais pu imaginer vivre ; celle en ta compagnie.

C'est un réel honneur de débuter ce nouveau cycle avec toi et de pouvoir t'accompagner pour tes vingt-six ans, une nouvelle année qui s'ajoute à ton histoire. Je ne suis pas inquiète en ce qu'elle te réserve plein de surprises, et beaucoup d'amour. Je suis fière de l'homme que tu es et de tout ce que tu entreprends. Tu es magnifique à voir et tu deviens une inspiration pour moi.

Je t'aime tant, Habibi,

Elle

13 avril 2020

On vient de faire l'amour. Elle me dit qu'elle veut se marier avec moi. Qu'on est chanceux de s'être trouvés si jeunes et qu'elle le sait, au fond, qu'on va finir ensemble ! Elle suppose qu'on le sera toute notre vie. Je lui dis que c'est la plus grande révélation que quelqu'un m'ait jamais faite. Elle me répond que je n'ai aucune idée de ce qui se passe dans sa tête. À chaque fois, je la regarde avec un air surpris, le visage ébahi. Elle me dit qu'on est deux là-dedans et qu'elle désire qu'on fasse le chemin ensemble, jusqu'à la fin. Mon cœur a arrêté de battre. L'amour qu'on se démontre par nos regards communs à cet instant précis est indéniable. Je l'aime plus que tout dans cet Univers. Elle transforme alors mes chimères évasives en espérances réelles.

Je l'aime d'un amour supra-lunaire et infini. Je donnerais ma vie pour elle s'il le fallait. Elle m'aime pour qui je suis indéniablement. Elle connaît les pires choses et atroces mensonges de ma vie, et elle m'aime toujours. Elle voit plus loin que ce que je peux discerner moi-même. Nous sommes libres de nos décisions et de nos choix. Je suis un être humain libre en expansion dans l'immensité de l'Univers. Et le choix est fait. Je me vois déjà avec elle sous un soleil couchant, marchant pieds nus dans le sable brûlant et doux, avec ses cheveux ondulés, en éprouvant la sensation de sa bague mystifiée turquoise contre ma peau, tandis qu'elle me tient la main, au gré du vent. *I feel free with her.* Je désire passionnément incarner cet homme. Ô, mon Dieu, donnez-moi la force de devenir meilleur. *I want to enjoy our wilderness and the long young days of our life together. Fuck! I really love her,* comme je n'ai jamais aimé personne dans ma sainte et diabolique vie. En fait, ma vie n'est pas sainte. *The most important thing about life is to love yourself. I won't lose myself like I used to in the past. I'm sick of this now and I need something new, something true, something better. We deserve to be who we are and to be loved in the way that we choose to live our life, by choice and pure awareness. We must be loved in the way we deserve to receive.*

Your frequency resonates perfectly with mine.

Can you hear it?

Let us synchronise our frequencies to create new songs.

I've been blamed for things I should never have been blamed for.

I've been used for things I should never have been used for.

I don't know whose heart needs to read this, but keep going, keep moving forward. I know it's hard, that it feels like the world is crumbling and that you feel alone, lost and out of breath most of the time. You feel depressed by all the despair and uncertainty of what's happening around you. Yes, these times are hard, but you shouldn't give up on yourself, nor your dreams. Have faith and trust with patience. You can do it. You can lift the veil that's been blinding you from the beginning. The little voice inside of you — that part of yourself that doesn't believe in you — let it flow, let it go, love it, and transform it! For it was there all along to make you realize that you don't have to be your own slave anymore.

The best thing about my life is loving you, like a devotional song.

Tu as le plus magnifique corps que j'aie jamais vu. Je n'ai jamais aimé personne comme je t'aime. Lorsque je t'admire nue, je prends conscience que tu as les plus divines courbes que j'aie eu la chance de caresser et de contempler dans ma vie. Tu me dévores d'un simple regard et j'ai envie de te faire voyager jusqu'aux tréfonds de la Voie lactée avec ma langue. *One of the most fantastic things about you is that there will always be moments when you're gonna send me into another universe and I don't even know why. You don't have to say or do anything.* Tu me rends amoureux de toi, en étant seulement là, présente. Je n'ai pas de mots à mettre sur les émotions que tu me fais ressentir.

— *Maybe you're already writing a book on her, mate, the way you talk about her?* me répétèrent Antoine et Maxime.

— *I don't know, guys.* Chaque fois que je pense à elle, mon cœur bat avec une telle intensité que je ressens la puissance du marteau de Thor battant la foudre de plein fouet avec force, *even when there's no storm.*

Yes, I do love reading, especially at night. But at some point, I have to stop. My favorite book of them all is her body—discovering the shapes and learning the mysteries of her form with my lips.

We all know what it's like, but remember, you are allowed to ask for help. Those of us who need light need people like us - light warriors who can show up for the lost souls covered in darkness. Never apologize for having and expressing feelings. Ever.

Look what you've gone through! You're a goddamn fucking warrior. You are brilliant and shall accomplish your wildest dreams. Trust that better things are coming your way.

I've made mistakes, but who hasn't? I don't think at all that mistakes of the past should define the person in the present moment. Many people live their lives judging others and making assumptions about who they really are. Avoid those kinds of people.

Let me tell you again: what you did in the past does not define you and has nothing to do with the eminent greatness of your soul. This is hard work, everything that you've healed and are forgiving about yourself. You're a different person, and you're doing a great deal of work on yourself. You will never make those mistakes again. The lessons are being integrated… You're earning it, you deserve it.

Pure self-forgiveness and recovery are immensely uncomfortable at first. Some days might even feel as if you're not healing or not going anywhere at all. But oh, darling, you are moving past the shadow of your past delusions. You are beginning to understand that your actions were motivated by ignorance, unconscious behaviour, and addictions that do not define, represent, or serve you anymore. You chose to fully understand the lessons, and never repeat them.

You will want to make amends. Sometimes people, or just life, don't allow you to make amends, and you have to accept that. Sometimes, life doesn't let you close a chapter, either on a past lover or a friend that got away. It may harden the forgiveness path for you, like it did for me. But one thing you must understand, dear one, is that self-forgiveness comes from the inside. You could receive a thank-you note from the people you hurt the most in your life. Those people could knock on your door the next morning and say, "I forgive you." That would feel so great, right? But in the end, it would only cover and patch the scar without healing the root cause. You would still get that dirty and nasty feeling inside, knowing you did those things.

You're going to make mistakes, and you must own them. So be gentle with yourself, darling, please, because time does not heal all wounds, but courage and acceptance of what is, and what has been, can. You can become a new person and acknowledge that redemption path for yourself. You deserve it — everyone does!

To all the broken people out there, like me:

Let go of what no longer serves you.

Embrace the change.

Immerse yourself in the self-discovery of your own soul.

Build a restoring and authentic relationship within yourself.

Manifest the intentions of your garden.

Pick up the results of your own creation.

The universe is always there for you, not against you.

I want to feel your warm skin touching mine, while creating fires and sparkles of light!

Her

I deeply believe that our relationship is going to break walls and turn wheels to help us redefine what love is again.

Her

You are my god,

I am your goddess,

And

It is the nicest feeling on Earth.

Her

Kiss me

Until the end.

S'il — vous — plaît.

                                             Her

Blessing to your light,

Blessing to your shadow;

I love you the way you are.

Her

Se reconnecter à la quintessence même de l'amour, c'est se redécouvrir continuellement. C'est voir la vie avec de nouveaux yeux chaque jour et renaître à chaque instant.

L'amour est vrai, constamment en expansion et en contraction, en perpétuel mouvement. C'est un besoin fondamental plus puissant que le temps même et qui se permet d'évoluer avec celui-ci. Quand il se présente aux portes de notre temple, nous ne sommes jamais prêts, nous le sommes toujours. Il nous demande un énorme courage; celui de laisser nos peurs de côté et d'emprunter un chemin inconnu jonché d'expériences qui nous font immanquablement grandir. C'est enlever les conditions pour s'élever et s'ouvrir infiniment vers l'intimité la plus pure.

Voilà notre définition de l'art d'aimer.

I am not fully healed from my past relationships. *J'ai trahi Lyra par le passé et elle ne m'a pas trompé en retour, car elle est restée, mais elle m'a fait autant de mal sans le vouloir. J'ai complètement perdu ma lumière même si elle est restée avec moi. Elle m'a fait sentir mal, m'a dénigré, repoussé, rabaissé inconsciemment par de la frustration et de la colère accumulée et refoulée. J'avais totalement perdu mon identité et mon bonheur. J'ai fait beaucoup d'erreurs dans cette relation, et elle aussi. Et je lui pardonne de tout mon cœur, en espérant qu'un jour elle me pardonnera à son retour.*

Each time I think of it, I have to remember as if I had forgotten what happened. They never came back, and they never will.

"Her/*Elle*" came back. She was the only one who truly did not abandon me. She saw past everything and knew my condition. Her love was the purest. She did not give up on me. She knew me the least of everyone and came back for me even then. Even when I was dying on the inside. She is my hero to this day. How do I feel knowing all of this and that she's the woman of my life? Like the luckiest guy in the entire history of humanity!

I guess I haven't fully healed or forgiven myself for destroying myself, for cheating on "Her" and causing her pain. I haven't totally accepted or acknowledged the pain caused from past lovers. I'm still dealing with those emotions. Some guilt, some shame, some non-acceptance, and self-judgment! I have not forgiven the fact that I caused Lyra pain, and that signing a contract at the end of the relationship was a stupid thing to do. I should have been more aware, more present, more intelligent. But I accepted. We both did, with or without knowing that, in the end, it would cause us even more pain. Maybe it was a way to cope with her loss and she wanted to control me without realizing it. I think she was hoping that we could stay together that way.

That decision was the pillar for the fact that she is no longer in my life. I have not forgiven myself for losing a deep friend. I live in my fantasies and in those little bubbles in my head, perhaps because they help me fight the demons. I feel less shame or guilt toward myself because I imagine how it would be if they ever came back and wanted to have me in their life again. How fantastic and glorious would that be! The truth is, they will never come back.

I am losing my mind, and my time, for people who probably don't give a shit about me anymore. I often think that they don't think of me as often as I think of them. I have a hard time letting go of the past and my old attachments to what was, and who was there to help in my growth. I always had enormous and eternal respect for those who broke me and the ones that got away. Maybe I have to stop doing that. Maybe I am still trying to understand the reason why those people are not in my life anymore. Maybe I do know, deep down, but I have a hard time accepting reality.

But the truth is, these people who were once dear to me, I will always cherish their souls in my heart. Friends, foes, or enemies, it's all the same. I will always love them back, even if I never receive their love in return. I do not want anything in return. I just want internal peace.

One piece of advice is never to put hope in justice. It rarely comes back to you fully paid, and it should never be your motivation in life. Life is often unfair, cruel, and painful, but we go on because we know it is worth fighting, living, and dying for. Because all those messy feelings over time will become softer and easier with life experience and introspection. To sit with them, those uncomfortable feelings, and to acknowledge the unbearable as a part of the process. It's the hardest part, but it is getting easier. Not just with time, but with work and a will of fire. Trust me, I know what it's like to lose everything, to lose every spark of life once in your being, uplifting your soul. I know what it's like to lose your close ones, to be heartbroken, depressed, suicidal, cutting yourself, mutilating yourself, hating yourself, depriving yourself. I know what it's like to forsake yourself and to drown in absolute, profound darkness.

I am no more unique than you. We are all connected, yet often feel isolated. That's why we face so many difficulties and struggle to move forward and help one another. We think and assume that we are the only ones in pain, and, in the end, we begin to think that we are the only messed-up ones because that is what society shows us. It teaches us to always be at our best all the time. Emotional intelligence is the most important intelligence to adopt now.

I hope that Lyra will be my friend again, but the truth is, this is neither what she wants nor needs, and neither do I. The final reason why people are no longer in our lives doesn't have anything to do with us, even if we broke them or they broke us. They are no longer in our lives, and we are not in theirs, because this is not what our souls need. Their path is not your path anymore, and one day, you must accept that. All you can do is love them, wish them well unconditionally, and accept that they may never understand your feelings or read these lines. They may forever resent you, live their whole lives hating you, and have an old version of you in their minds that is not an accurate portrayal of the present moment. Those people will live their lives thinking that you never evolved, and that you should always feel bad for the way you acted in your past and that you are still like that.

Forgiving and growing from a mistake does not mean having to endure a lifelong sentence. Those people who will eternally have a "throwing up" feeling in their mouths whenever they think of you, or start swearing as soon as they hear your name… love them anyway because this is your truth. This is one of the best ways to heal the collective unconscious of civilization.

Knowing you feels like an orgasmic release. It is helping me regain faith in the other gender. I love you and I honour you for respecting divine femininity and embracing the fall of the patriarchy.

Thank you for being the man you are, and the man you will become.

Her

You are brave because you show up and it is an honour to be part of your dream and your creation.

Her

Be proud of who you are and what you've accomplished. You're a goddamn fighter — you went to hell and came back.

I need to catch the pattern of self-doubt and pressure when it wants to arise, before it materializes. There is a part of me that feels afraid, but not all of me. I internalized my sexual abuse when I was a child by telling myself: "It's my fault, I am a bad person." Now I must rewire my brain, free from that negative imprint of "You're not good enough" and "It's my fault." I need to redirect energy into a new positive imprint that is the opposite of guilt and shame — that is self-love and healthy pride.

How can I cultivate those two feelings more to rewire the neural pathways in my brain and change the direction that my subconscious wants to go? I think it's by being aware and present with every thought and feeling that wants to express itself. There is no shortcut to self-love. I'm going to have to face my inner shadows and demons. It's going to be hard, one of the longest and most draining fights of my life. My therapist once told me that she was still seeing her therapist, thirty years in. This strong and inspiring woman told me that she didn't know if she's going to be healed in this life. But does she feel more liberated? Does she have more freedom in her life and internal peace? Damn right. It's a long process and probably one of the hardest ones to face: Facing yourself. But trust me…

Trust me when I say this: this is all worth it. The path to self-acceptance is full of beautiful discoveries. I believe in you with all my heart, and I know you can do it. I did it. I fucking did it! I am fucking doing it, and SO CAN YOU! This struggle is necessary for you to become the person you always wanted to be.

Je porte toujours sur moi la pierre que tu m'as offerte. I wear it all the time. There is something tribal, ancient, some inner-calling truth from past universes and worlds between you and me. Our souls know each other, from a long-forgotten time. But our souls, hearts, and cells remembered it. And our eyes, the first time we met, remembered. The first time we kissed as well, and especially the times we were making love and creating history together.

To you, Nicolas, I truly love you. With the purest form of love I can give.

Her

Soleil, je ne sais pas si c'est à cause de ta lumière que je resplendis ou parce que je commence à me respecter avant tout. Je vis constamment des montagnes russes d'émotions, c'est tout naturel et compréhensible. Lorsque je ressens de la colère, je dois accepter ma violence interne et la concentrer pour l'exprimer sainement et la transformer. Ça fait partie de moi. Mon objectif est d'être de plus en plus conscient. Elle me donne la force de m'aimer de plus en plus.

Stand up for yourself, by allowing yourself to be yourself.

Manifest your intentions. Ask the great mystery to hold your dreams for you. You will achieve and realize all your dreams, but you put so much pressure on yourself. Create space for your dreams to come into fruition. Usually, when trauma happens, we tend to be too young to understand, so we internalize it. To achieve personal development, spiritual growth, and freedom, one must embrace the All. We need to release those emotional scars that are carved into our flesh and tissues. They carry memories that sometimes never heal. So, hold on, hold firm to what the universe has in store for you.

We are one, you and me. From the moment I looked at you and our souls connected — the moment our eyes met; our ocular constellations made love.

Notre amour est comme un jardin. It is meant to grow and evolve. It is meant to follow the rhythm of our hearts — to beat with the pulsing of our souls. Let us not be afraid to share our gifts with the entire universe.

The way you are when you flip your hair is magic and pure sacredness to me, dear princess. I can feel this bewitchment igniting the twirling, shamanic tempo of my bones.

Vous connaissez cette sensation… lorsque le temps s'estompe, que vous êtes tellement présent dans un moment que l'air devient limpide, que le noir se brouille, que les couleurs se ravivent et que les dimensions se quadruplent. Tout l'espace autour de votre vue se confond et commence tranquillement à se transformer, à fusionner en une espèce de fumée. Ce temps qui commence à se cristalliser, l'espace d'un instant d'un ancien temps des mondes déchus. Les échos deviennent les chimères du Nouveau Monde et même la poussière des étoiles semble s'être arrêtée de valser dans sa danse cosmique et divine, pour mieux entendre, percevoir et incarner cet écho mélodieux qui transperce la destinée des hommes.

Lorsqu'elle a chanté cette chanson, j'ai su que c'était cette voix qui me rappellerait toujours. J'ai toujours su que ce serait cette voix. J'allais lui écrire pendant de très nombreuses années. Il n'y avait plus rien, même pas le bruit des voitures, le son ambiant de la ville, les rires enjôleurs des gens que j'aime le plus au monde. Plus rien n'existait à part peut-être la voûte céleste au-dessus des nuages, qui devaient briller de mille feux sous son éclat. L'éclat de la plus belle étoile qui existe qui perdurera pour des temps infinis. Elle seule peut redonner l'éclat à ce qui était perdu à jamais.

You are a dragon, with such ancient wisdom in your heart and your precious, valuable wings.

You are royalty to some.
You are divinity to me.
Praise you.

You are meant for great things.
You are destined for success.

The biggest challenge I face right now is jumping into the unknown! To drive 5,000 kilometres to the Rocky Mountains on the west coast, and recapitulate my entire life. I live in Montréal, in the province of Quebec. Now, I am moving to British Columbia, Canada. That means a new job, new life, new ashram, new girlfriend, new routines, new energies, and new environment. How do we embrace fear to welcome it as a whole and have this courageous feeling all the time? I've quit smoking, drinking, and taking drugs and stimulants for a while, yet some days, still, feel like the first day of addiction. How do we stay focused and rehabilitate the old patterns in our heads to stay on the right path? I am doing it, and I see that progress of mine. But I fear "failing" again. I want to be enough and a strong man for myself and the woman that I love. I am still working on myself and healing every damn day. So, the real question, I guess, would be: how do you feel proud of yourself, and know that you're enough, with no guilt or shame toward the past? Some days, it's just so hard.

My breathwork mentor's response was, "I think simply showing up is enough. You were always enough and always shall be. You were born whole and complete! I like to think of my past as what has shaped my future. All my experiences and lessons have led me to who I am today and continue to help me develop as a human being. I have moved heaps to different places to live and work. I always followed my intuition and trusted that everything would work out — even when it felt scary — and it always has. Trust, my friend, that the universe has your back.

I use fear as a game. If I feel fear, then that means there is something within it for me to face, release, or embrace. So, usually, if I feel fear, I just go ahead and do it. What you'll find is that the reward on the other side of facing that fear is ten times greater than the amount of energy it took to be fearful in the first place. The more you do this, the more you train yourself to realize there's nothing to fear at all.

As for the programs, the only way to fully get rid of them is to create new ones. What positive things can you incorporate into your everyday life that stimulate new neurons firing? Yoga, meditation, and breathwork are wonderful ways, but there are more. Do you have a creative funnel to channel all of this? I suggest getting into music, sport, art, writing — the types of things that are really innovative — to create new programs within yourself. Maybe just start a creative project or business on the side, and this will keep your mind busy as you start to wash away the old programs."

Steven Whitney.

Every single letter

From every single word

From every single sentence of this book —

All of it is dedicated from your heart to mine, with all your love.

Her

She made me realize that it is not my responsibility to save someone from their problems. Doing so is honouring my sacred boundaries and not losing my own energy. Being centred, sometimes, doesn't necessarily mean being selfish or not helping someone. It is having the self-love to know our own limits and applying them as healthy boundaries.

Je porte toujours sur moi, dans la poche de mon veston vert, les deux lettres que tu m'as écrites à la main. *I feel the energy of your words and it heals me. I can feel your love even if your words were written in the past.* C'est la seule façon d'être complètement immortel. Mettre le pouvoir de l'encre sur des parchemins, rajouter des lettres sur du papier apporte une profonde permanence à cet art de l'amour et de la plume.

Voici les aspects importants et primordiaux d'Elle dans une relation : présence, temps dans le moment présent, planification d'activités, actions concrètes et proactives, fidélité, honnêteté, communication, projets communs, respect, empathie, compréhension, et ouverture d'esprit.

Je crois et je sais,

J'oublie,

Je me souviens,

J'espère,

Je réalise,

J'ajuste,

J'aime,

J'accepte,

Je donne,

Je reçois,

Je transmute,

Je m'aime,

Je t'aime.

Chaque moment en ta compagnie illumine les ténèbres grandissantes de la nuit bleutée. Je désire passer mes journées ensoleillées avec toi. Je convoite ces inlassables moments de pluie infinie en ta compagnie. Je veux me perdre dans le firmament sans limites de ta couronne dorée. Ainsi, je passerai incessamment l'éternité à tes côtés.

Je t'aime, femme de mes rêves. Va bien te reposer, *dulces sueños* : « Une étoile brille sur l'heure de notre rencontre », comme l'a dit J. R. R. Tolkien. Je dois me pincer et cligner des yeux pour m'assurer que ce moment est bien réel. Ma divinité reconnaît la divinité en toi. Je veux que tu te sentes aimée comme tu le mérites. *I want to deliver my best to you.* Je brille tellement avec toi et je me sens libre. Tu m'offres tant. Merci de m'aimer comme je suis et de m'accompagner dans ce cheminement. On se fait grandir et c'est beau. Lorsque j'ai une peur qui survient, le fait que tu m'en fasses prendre conscience est un grand atout et j'admire la façon dont on est ouverts pour ne pas alimenter la peur. Merci d'être qui tu es. *There are no words.* Tu as fait chavirer *and uplifted my universe. You are my flower of life.*

Nous avons fait l'amour comme des bêtes à la pleine lune et glorifié le sang menstruel sacré.

Wild at Heart

Nicolas-Gabriel, mon éternel amour,

Je me sens tellement honorée, choyée, comblée, amoureuse, femme, forte, lumineuse, libre, authentique, équilibrée, déesse et j'en passe... à tes côtés. Tu es la personne avec qui je grandis au meilleur de mon potentiel. Je n'ai pas de mots qui pourraient décrire ma gratitude envers l'Univers qui nous a réunis et envers nos âmes qui se sont attirées et reconnues.

Je suis totalement amoureuse de toi et de chaque partie qui te constitue. Merci d'être présent, de comprendre, de me faire confiance et de voir tout le potentiel positif que ce voyage nous apportera individuellement et à notre relation. Sache que cette dernière est la chose la plus précieuse que je possède dans mon monde extérieur et c'est ce qui est le plus près de mon monde intérieur ; cette intimité est la plus véritable que j'aie jamais touchée avec quiconque. Malgré la distance physique qui nous séparera sur le plan 3D, je penserai sans cesse à toi. Nicolas, mon homme, mon seul et unique. I feel so blessed to be here with you, evolving in a path of love every single day. Thank you for being the person you are and for giving me that precious place by your side.

Ce temps, je le prends pour moi, pour toi, pour nous. J'entreprends ce voyage pour aider notre amour à s'élever dans sa quintessence la plus pure. La confiance renaîtra, se fortifiera de loin, plus puissante que jamais... J'y crois, je crois en notre couple qui s'élève en amour, toujours. Je t'aime plus que tout au monde, Habibi, tu es mon homme et je suis à toi. Pour toujours, mon amour.

Elle, Nelson, Décembre 2020

Il y a tant de choses que j'aimerais partager avec toi. La plupart du temps, les émotions sont trop fortes et vives. Elles tourbillonnent dans mon esprit à une vitesse fulgurante et incandescente. Ceci est le sentiment rattaché à ce que j'éprouve pour toi. Il y a tellement de belles choses que je veux te dire, mais la plupart du temps, je ne sais comment te transmettre mes mots, car je bouillonne à l'intérieur de moi, tellement mon amour pour toi est puissant. C'est un peu ma mission de vie, dans un sens, en tant qu'écrivain, de mettre des mots sur du papier blanc pour écrire et de transformer ces émotions en mots. De transmuter l'énergie en mouvement à l'intérieur de moi et de te la retranscrire en mots, termes, expressions et formules littéraires. Si je pouvais te dire seulement une chose, ce serait que je n'ai jamais aimé personne auparavant comme je t'aime. Je désire au plus profond de mon être que tu sois la femme de ma vie, pour toujours, jusqu'à ma mort. Tu es ce que j'ai de plus précieux dans cet univers. Mes yeux se remplissent de flots de larmes en ce moment, des larmes de joie, de gratitude, de reconnaissance, de fierté, de mérite, et de tant de douceur envers toi. Je me sens tellement choyé d'être l'homme sur qui tu peux compter et qui sera toujours à tes côtés. Je te remercie d'être la femme que tu es. Je suis si fier de toi ! J'aimerais pouvoir te dire à quel point... à quel point tu comptes à mes yeux, et que je me bats pour toi, pour nous, pour que notre amour évolue et perdure à tout jamais. Je n'échangerais pour rien au monde notre amour et ce que nous avons ensemble.

Tu me fascines grandement et m'impressionnes perpétuellement. Même après presque huit mois de vie commune, tu m'épates toujours autant et je suis de plus en plus charmé par toi, ma chérie. Cela fait plus d'un an que nous nous connaissons et exactement huit mois que nous avons mis au clair notre relation de couple. Mon tendre amour, cette distance que nous allons endurer va très bien se passer. Elle ne viendra pas perturber cet amour qui nous lie, qui dure et durera pendant longtemps encore. Je vais prendre soin de moi ici, et tu prendras soin de toi là-bas également. Je vais nous protéger et aider notre relation à avancer pour le mieux. Nous créons du temps pour nous. J'espère de tout cœur que tu vois les efforts que je mets en œuvre pour nous, et que tu veux réellement passer ta vie avec moi, car c'est ce que je ressens et désire. Je vais t'aider même si tu es au Mexique, et tu vas m'aider aussi. On est une équipe, des partenaires incroyables et l'on se soutient dans notre évolution personnelle et notre cheminement commun pour réaliser nos rêves les plus fous. Je t'envoie toute la force du monde et te souffle de grandes et puissantes protections. Tu es magiquement bien protégée, et je sais que tu vas faire attention à toi. Je te protège à distance en utilisant ma force et mon énergie, car je suis là pour ça. Je suis ici, maintenant, pour toi, pour nous. Pour toujours.

You're the one; you shall always be the one.

Je t'aime,

Ton homme,

Nicolas-Gabriel.

Je voulais te dire que tu n'as pas à être désolé, ta réaction a été normale, mon amour. Tu voulais savoir ce qui se passait dans mon monde. De mon côté, j'essayais de me comprendre, pourquoi mon corps et mon cœur réagissent ainsi, pour mettre des mots et des actions pour le meilleur de nous deux, parce que je t'aime inconditionnellement, Nicolas. Tantôt, je pleurais aussi, principalement parce que je me dois d'être heureuse pour toi et que je ne me trouvais pas à la hauteur. Tu sais, toi, tu m'acceptes telle que je suis... Tu m'admires, tu m'aimes avec mes défauts. Je trouve ça tellement beau, si tu savais ! Tu es incroyable, vraiment, Nicolas. Je t'admire et j'aimerais tant être comme toi. De mon côté, on dirait que je veux toujours te changer et ça me fait beaucoup de peine, parce que tu es resplendissant et que je stagne dans le négatif au lieu du positif. Et c'est ce qui me cause du chagrin. Nicolas, sache que je t'aime toi et tout ce qui vient avec, et que je veux grandir avec toi. Tu es l'homme de ma vie. Je ne veux pas fuir, je suis forte tout comme toi et je veux que l'on s'accompagne dans toutes les étapes de l'existence que nous créons ensemble, même si quelquefois c'est plus difficile. Je te ressens dans toutes les cellules de mon corps. Je t'aime plus que tout. Merci de me comprendre et d'être là avec moi, c'est un réel cadeau du ciel.

Je t'aime.

Her

En voulant me sauver, elle répond à un schéma d'attachement et de dépendance. De mon côté, je pense qu'elle veut me contrôler pour me retirer ma liberté. Une partie de moi inconsciente veut créer de la distance entre nos deux âmes. J'ai parfois l'impression qu'elle ne comprend pas qui je suis et qu'elle ne me comprendra jamais. C'est une illusion que je me crée. Elle a également le réflexe de partir en voyage quand ça va mal. J'ai l'impression de revivre mes anciennes relations. Mes vices veulent du confort, du bonheur éphémère dans le but de remplir le sentiment de vide qui est en moi et qui ne pense pas mériter le bonheur suprême. Cette partie inconsciente de mon être me détruit. Elle ne sait pas comment aimer cette part de moi, elle ne veut pas qu'elle prenne soin de moi. Parfois, j'ai l'impression de faire la guerre contre moi-même dans ma tête. Cette partie de moi souffre et fait tout ce qui est en son pouvoir pour rester en vie en jouant avec le mental, en créant des histoires. Cette part de ma psyché, qui est très présente, est accro à l'autosabotage, au drame et à la mélancolie, à la nicotine, à l'alcool, au matériel, au sexe, au superficiel, aux vieilles habitudes du passé qui ne me laissent pas en paix.

She and I are working together to find the root cause of my pattern for external approbation. We are integrating a lot to have a more peaceful life and harmonious relationship within ourselves. We are here for each other and helping ourselves become better. Nos deux âmes amoureuses sont liées. Rien n'ira à l'encontre de la force de notre amour puisque c'est la plus grande vérité que nous avons. L'art du pouvoir d'aimer.

Meeting you has been the very best thing that ever happened to me in all of existence. I feel so calm and relaxed knowing that you exist. Just the thought of you can give me the most profound and true peace I've felt in years. I love you more than I could ever describe.

Love is not the strongest word to express my gratitude and passion towards you. Thank you for being you. I truly need you to be yourself with me, at ease, in trust, in perfect confidence, whenever you're ready. I just want us to be so aware of ourselves, not to lose or forget ourselves as we did in the past. I believe in you and us so much. I am so proud of you for transforming yourself every day. You are stepping into a new and ancient power of yours. Embrace it, trust in it. If I could give you just one piece of advice, it would be to always trust your inner wisdom.

You amaze me like no woman ever has before. I am becoming the real me, right alongside you. Cheers to your greatness and the strength of your soul. It is an honour that you are letting me love you in ways I've never experienced before. Happy birthday, my wild dragon!

I love you eternally.

Your man,

Nicolas.

26 Décembre 2020

J'ai décidé de commencer l'année du bon pied au mois de janvier 2021. Finalement, ce n'est pas ce que j'avais envisagé de faire, loin de là. Un mois sans alcool, sans sucre raffiné, sans Nicorette, quatre ans sans médication pharmaceutique, six mois sans toucher à une seule cigarette ou boisson énergisante.

I haven't been this healthy, detoxified, and natural since the age of 14. This has led me in the past month to ask myself some serious and profound questions about my path and how I see the world. I knew this already, but I realized more about the idea and concept of the huge attachment to our suffering. We are attached to our own suffering because, for most of our lives, this has been our main comfort zone. For too long, I have been attached to the drama and the role of victim. Whatever you are doing, living, going through in your life … you are consciously or unconsciously choosing to live in a state of pain or joy. You decide to be in pain because you have that control over your emotional state. But to have control over yourself is one hell of a job, and I am not stating that I know everything surrounding the subject. But to have control over your emotions, you need, in my experience, to crash down first.

In my case, I've travelled to the most extreme-reaching, trash point of the dark side where I couldn't control a single thing in my life — my emotions, my financial stability, partying, drugs, sex, my unhealthy and intrusive thoughts. I always felt like I had no control over anything because my foundations were not rooted.

In the past month, things haven't gone the way I envisioned them. The outcomes and crises were hard, but all the struggles and pain were necessary, because I was getting more and more in touch with my true self. I still have a long way to go down that road of self-acceptance.

It is a hard thing to sit there, and just be in the uncomfortable, with nothing — ABSOLUTELY NOTHING — to fill that hole inside of you; the feeling of NEEDING something and missing something. This was and still is painful and terrifying, to be honest, but how fucking necessary it is. I sincerely think that, at some point in life, you will have and need one of those awakenings. I've had many in my life. But I believe there is always a turning point, when you have to face yourself for real. It is almost a question of life and death. It is, in fact, about living and letting go of SURVIVAL mode. I've been in survival and victim mode all my life. You can choose to free yourself. I'm not saying everything will be easy and beautiful, and that everything will work out harmoniously and in balance. Life is merciless and will always send you tests and hard things, to make you reflect, to make sure you learn the lesson this time and notice if you are still aligned and following the direction of your true path. It's part of it.

But one day, you must take responsibility for your happiness. No one will create the dream life that you want. Only you are the master of your life. You must understand yourself better than anyone to make sure you are truly going in the direction you desire to go, even if you may or may not know all those answers. Just trust in the process. Life is not about surviving; it shouldn't be. It is about living.

Peut-être que certains d'entre vous vont me trouver préten-tieux ou moralisateur avec ce prochain commentaire, mais je crois savoir, ou avoir appris quelque chose en moi au cours de ce dernier mois, qui s'applique à tous. L'intoxication univer-selle et inconsciente de nos modes de vie sociétaux. Le besoin de n'avoir besoin de rien est un état d'esprit qui me fascine grandement et que j'espère atteindre un beau jour. Dire non à chacune de ses pulsions et envies (alcool, drogue, sucre, viande, télévision, écran de téléphone, etc.) In fact, anything that is considered normal in our society.

A shaman was once asked, "What is poison?" and he answered, "Anything beyond what we need is poison. It can be power, laziness, food, ego, ambition, vanity, fear, anger, or whatever."

Je considère que j'ai touché le fond du bas de l'enfer sous toutes les formes qu'un humain peut se permettre de ressentir. Il n'y a pas si longtemps que j'étais un être maniaco-dépressif bipolaire avec des tendances suicidaires et de fortes mutilations. Le purgatoire a été violent. Je suis toujours anxieux et vis avec de l'anxiété chronique quotidiennement, mais je travaille sur cette facette de moi-même, every damn day. *J'ai vécu et intégré le rôle du Nicolas tourmenté, anxieux, blessé, trahi, incompris, dépressif, haineux envers lui-même, psychopathe, bourreau et victime.*

Autrefois, je ne pouvais pas me permettre de rester heureux trop longtemps, il fallait que je retourne à ma zone de confort qui était la souffrance. Aujourd'hui, ma zone de confort est le changement. Je ne vous dis pas que je suis parfait, ma zone de confort est même très inconfortable parfois et difficile à gérer. Mais ça s'améliore avec la patience et le temps.

Je ne pourrais vraiment vous dire quelle est la recette miracle pour la discipline, mais pour les débutants, un petit peu chaque jour. L'ennemi numéro un de la discipline dans mon cas est le jugement de soi, la pression, and the feeling of never being enough or the fear of always failing. *Pour conclure, si vous décidez de faire un mois sans alcool, sucre, cigarette —* whatever—ask yourself :

Vous allez passer par d'innombrables questionnements tels que :

Who am I?

Why in the world am I doing this?

What do I really, truly want?

Why does it hurt so much?

Why is this trauma not fully healed and always coming back?

What is breathing? What is surrendering?

What is true acceptance?

How do I apply self-forgiveness more efficiently?

What are my values and my deep core beliefs?

How can we cultivate and nurture the place of "enoughness" inside of us without feeling pressure or having mental distortions about what real self-love is? Finding answers will never be easy and will always be a lifelong process. But to all of you that are on the path, it is not supposed to be easy anyway. I am in the process of mastering myself to the best of my abilities and for the betterment of mankind. Currently aspiring to become a monk. One day, maybe. We'll see.

Merci, mademoiselle, pour ton éternelle et redoutable patience envers moi et ton amour plus vrai que tout.

Je suis actuellement en thérapie pour continuer à guérir de mon passé, me pardonner, et transcender mes traumas de vie. J'ai le besoin de vous divulguer certaines de mes pensées, car la mort d'un de mes amis m'a fait réaliser certaines choses en ravivant de vieilles blessures enfouies. Ces trois dernières années, j'ai réalisé un énorme travail introspectif ; le plus intense de ma vie. Ma recette miracle repose sur une technique de psychothérapie qui se nomme le *shadow work*. Cette méthode m'aide avec les projections, les distorsions cognitives, le pardon de soi. Il s'agit d'une approche psychanalytique qui transforme la haine en amour et chasse l'ombre en nous. Cette partie de la psyché est inconsciente, car elle ne se connaît pas elle-même. Elle ignore sa propre existence. C'est alors à nous de projeter la lumière pour réunir les deux morceaux et devenir entiers.

Je tenais seulement à dire à ma famille, mes amis, ceux qui m'ont blessé, ceux qui m'ont trahi, ceux qui m'ont rabaissé, ceux qui m'ont dénigré injustement, rejeté, craché à la figure, ceux que j'ai blessés, pour qui j'ai brisé des promesses, à qui j'ai fait mal au cœur, que je vous aime.

Je me suis déçu moi-même et j'ai déçu et fait mal à tant de gens. Ceci est dans le passé et je travaille sur ces aspects tous les jours. Le pardon de soi et comment s'aimer à travers ce processus de vie, qui est infini. Je vous remercie, tous et toutes, je vous aime, je vous pardonne et je continue à me pardonner.

Pour ceux à qui j'ai pu écrire, parler, exprimer mes états d'âme et demander le pardon ; et pour ceux qui ne l'accepteront jamais ou qui ne liront pas ces mots : je suis désolé et je me pardonne en même temps. Le vrai pardon vient de soi, mais j'avais besoin de vous transmettre mes pensées qui viennent du cœur. Pour ceux et celles qui vivent leur vie en fondant leur perception des gens sur des actes du passé et qui croient que les êtres n'évoluent pas, vous avez du travail à faire.

Vous ne pouvez juger quelqu'un par son passé, car vous n'avez aucune idée du chemin parcouru par autrui, de son progrès, de son évolution, de sa capacité de discernement maintenant, et vous ne pouvez comprendre, fondamentalement, l'énorme sentiment de culpabilité de quelqu'un qui apprend de ses erreurs, les perçoit comme des leçons et décide d'avancer avec elles.

Tout le monde mérite le pardon et l'amour. Mais ces choses ultimes proviennent de l'intérieur, et non de l'extérieur. Pour tous ceux qui luttent avec leur santé mentale, leurs incertitudes de vie, leurs doutes et leurs peurs : vous n'êtes pas seuls, et vous ne devez prouver votre valeur qu'à votre propre déité. Ne la recherchez pas en autrui, revenez toujours vers l'intérieur.

Il est important de rappeler que si tout le monde mérite la rédemption, le pardon, la paix intérieure et la chance d'évoluer, certaines actions peuvent laisser toutefois des blessures irréversibles. Le pardon et l'amour ne signifient pas nécessairement qu'il faut minimiser les conséquences d'autrui ou garder dans sa vie ceux qui ont commis des actes graves. Ce message s'adresse à toutes les personnes qui luttent pour avancer malgré leurs erreurs passées, ou ce qu'elles ont subi, mais il ne s'agit pas ici de justifier l'injustifiable. On peut croire au changement, souhaiter la paix intérieure à chacun, mais aussi reconnaître que certaines limites sont nécessaires pour protéger les autres et soi-même, comme une forme de discernement bienveillant. Ce message sur la rédemption ne doit pas nous faire oublier l'importance de la justice, du consentement et du respect de ceux qui ont souffert, quelles qu'aient été les blessures ou injustices vécues. Grandir, c'est aussi apprendre à poser des frontières claires, même dans l'amour. Rien n'est immuable, certes, mais tout n'est pas excusable non plus.

Sur ce, les erreurs causées par l'individu qui martèlent notre psyché subconsciente (ou consciente) sont des erreurs, des leçons, et l'on apprend d'elles pour ne plus les répéter et apprendre. Car nous vieillissons et mûrissons. Les erreurs doivent être des choses à se rappeler et à ne pas renouveler, et non pas une sentence de vie qui alimente le sentiment de honte ou de culpabilité parfois jusqu'à la mort. Elles méritent d'être intégrées et comprises.

Donc, pour ceux qui éprouvent un sentiment amer en repensant à leur passé, que ce soit pour un acte horrible qu'ils ont commis ou pour un autre qu'ils ont subi : ne jugez pas et ne définissez pas le passé d'un individu comme une réalité présente et intangible. Le temps passe, les oiseaux chantent, et tout est en mouvement continuel, constamment. Rien n'est permanent, car la vie est faite de métamorphoses.

Si vous ouvrez votre esprit à l'amour de soi, au pardon, à la compréhension d'autrui, et finalement, vous vous rendez finalement compte qu'il y a plus que de la souffrance et du regret dans cette vie. Il y a de la lumière au bout du tunnel pour se libérer de ses processus mentaux limitatifs.

Vous êtes la lumière, vous pouvez l'incarner ou bien rester accrochés à votre souffrance par confort et facilité.

C'est votre vie. Vos choix. Vous créez votre réalité. Vous n'êtes pas brisés ni maudits. Vous apprenez. Prenez la responsabilité de votre bien-être. Transformer la haine de soi en amour de soi est un processus difficile, le plus difficile que j'aie jamais vécu et entrepris. Mais je fais ce choix conscient avec des intentions pures, car je crois en moi, de plus en plus.

Turning to ashes and then rising as a dragon.
With so much wisdom.
Je suis désolé.

Je vous pardonne, je me pardonne.

Merci.

Je vous aime, je m'aime.

Peace out, tribe.

Ensemble, nous maîtrisons l'art d'aimer.

Ce livre a pris naissance en 2019, lorsque j'ai entamé l'écriture de textes sur Elle, d'abord sous forme de lettres écrites à la main, réunies ensuite en un recueil de poèmes. Au fil des années, à travers des explorations intérieures et des phases de création et de réflexion, le manuscrit s'est façonné, avant de s'achever en 2022. Cependant, ce n'était pas le dénouement du voyage ; ce n'était qu'une étape. J'ai continué à revisiter ce projet artistique et à le faire mûrir jusqu'à sa publication, avant de le finaliser en octobre 2025.

Depuis 2020, j'ai travaillé en profondeur sur moi-même. J'ai suivi environ trente séances de thérapie à Nelson – un investissement en temps, en énergie et en ressources. J'ai aussi eu l'opportunité de partager quatre d'entre elles avec Elle, ce qui nous a permis de progresser ensemble. J'ai également participé à quatre cercles d'hommes échelonnés sur plusieurs mois au fil des dernières années. C'était un profond travail, exigeant et nécessaire. À ceux qui traversent des moments diffi-ciles dans leur relation, je recommande vivement la thérapie : elle peut réellement transformer les dynamiques, apporter une meilleure compréhension mutuelle et une nouvelle lumière sur votre couple.

La Terre possède une sagesse infinie. Au mois d'août 2020, nous nous sommes retrouvés à Nelson, dans la vallée de la rivière Columbia, au cœur de la région des Kootenays, sur un territoire ancestral sacré pour les tribus autochtones, dont les Ktunaxa, les Sinixt et les Syilx. Ces terres étaient autrefois un lieu de pèlerinage, où ces communautés venaient afin de guérir et se ressourcer. Ça a été une incroyable expérience et je suis très reconnaissant d'avoir pu vivre sur les terres tradition-nelles, ancestrales et non cédées de ces peuples. L'existence en montagne, dans un ancien centre de retraite et, pendant deux ans, dans une petite cabine envoûtante et magique à l'allure païenne, perchée et bâtie au niveau des arbres, au cœur de la forêt avec vue sur les sommets, a été une remarquable métamorphose. Tout ceci nous a grandement aidés pendant notre cheminement, qui aura duré plus de quatre années.

En parallèle de la thérapie, j'ai exploré diverses approches psychologiques et holistiques pour évoluer, individuellement et en couple : des cérémonies d'ayahuasca, de Bufo, des cérémonies de cacao, des huttes de sudation, des lectures de runes, des massages, du reiki, des six mois sans alcool, des lectures de tarot, des séances d'astrologie, d'acupuncture, d'ostéop-athie, des accompagnements personnalisés, d'alignement de la colonne vertébrale, *coaching* individuel, des techniques de respiration, des *cleanse* de détoxification par les aliments et de *cupping*. L'énergie des montagnes, ainsi que ces quatre dernières années passées à Nelson, ont été une période de transformation profonde et de guérison. Présentement, je viens de dépasser une année complète sans marijuana, ma première depuis l'âge de 19 ans.

Malgré tout cela, je lutte encore contre mes démons. Bien qu'Elle soit revenue dans ma vie, j'ai poursuivi ce travail sur moi-même par le biais de plusieurs concepts psychologiques afin de retrouver une paix mentale. J'ai dû me prouver que j'avais réussi, que je continuais d'avancer – en dépit des obstacles qui semblaient insurmontables – vers mon objectif initial : apprendre à m'aimer pour me reconquérir, moi et ma fiancée. Le travail sur soi ne s'arrête jamais. Ce livre témoigne de cet effort constant ; c'est une plongée infinie avec de meilleurs outils, prêts à affronter les défis à venir avec une nouvelle perspective.

Thank you for reading this book.
It means the world to me.
Divine blessings to all of you,
May you find peace
and **be free**.

Namaste

Om Namah Shivaya

www.ingramcontent.com/pod-product-compliance
Lightning Source LLC
Chambersburg PA
CBHW021235130626
46554CB00004B/1496